なぜ僕たちは金融街の人びとを嫌うのか？

Swimming with Sharks: My Journey into the World of Bankers

ヨリス・ライエンダイク 著
Joris Luyendijk
関美和 訳
Miwa Seki

英治出版

好奇心がすべてを可能にすると教えてくれた、
今は亡きゲルト・バウマンに

SWIMMING WITH SHARKS
My Journey into the World of the Bankers
(dit kan niet waar zijn)
by Joris Luyendijk

The publishers gratefully acknowledge the support of
the Dutch Foundation for Literature.

Nederlands
letterenfonds
dutch foundation
for literature

イントロダクション

君は飛行機に乗っている。

シートベルト着用のサインが消え、飲み物が配られて、機内映画を見ようか本を読もうかと考えている。隣の人は黙ってウィスキーをちびちび飲んでいて、君はぼんやりと窓の外のお日さまと雲を眺めている。

突然、片翼のエンジンからバカでかい火が噴き出すのが見える。客室乗務員を呼ぶ。ええ、技術的な問題がありましたが、もう大丈夫です、と彼女が言う。落ち着いた自信満々な態度に、その言葉を信じそうになる。

でもやはり、気持ちがざわついて立ち上がってしまう。するとその落ち着いた客室乗務員が、次に融通のきかないチーフパーサーが、飛行機の前方に向かおうとしている君を止めにかかる。お客様、お席にお戻りください。君は彼らを押しのけ、コックピットのドアに手をかけ、無理やり開ける。

すると……そこにはだれもいない。

僕はこの数年間、ロンドンの金融街で働いている人や、働いたことのある200人近い人たちに話を聞いてきた。内容はそれぞれに違っていたけれど、もしひとつのイメージにまとめろと言われたら、それは空っぽのコックピットだ。

⁂

このプロジェクトが始まったのは、2011年5月の快晴の日だった。僕は、当時ガーディアン紙の編集長だったアラン・ラスブリッジャーから、ロンドンのセント・パンクラス駅の向かいにあるすばらしくグチャグチャのオフィスに招かれた。

ラスブリッジャーに初めて会ったのは、僕の地元、アムステルダムでのジャーナリズム会議だ。そのとき話題になったのは、なぜたくさんの人が、自分たちの利益に直接影響する問題にほとんど興味を持っていないようなのか、ということだった。関心がないからか、それとも問題が複雑すぎて外の人には理解できないからなのか？

答えを見つけるために、僕はオランダの新聞紙上で実験を始めた。僕はまったくの門外漢。でも、一般的には重要で、複雑で、あきらかに退屈な問題を取り上げて、ずぶの素人の疑問を専門家の人たちにぶつけてみた。電気自動車っていいアイデアなんですか？　答えから新たな疑問が生まれ、それがほかの専門家への取材につながって、そんな僕自身の〝学習曲線《ラーニングカーブ》〟みたいなものを記事にしてみた。業界のプロたちは快く取材に応じてくれたし、読者は僕がゼロから始めることを喜んでくれた。

ラスブリッジャーは、イギリス人らしい礼儀正しさで、そのいきさつをずっと聞いてくれていた。そのことをすっかり忘れて数か月たったころ、日当たりのいいオフィスに招かれて、例の〝学習曲線〟をガーディアン紙上でやってみないかと提案された。電気自動車じゃなくてもいい。ラスブリッジャーは金融街《シティ》の方を指さして、石を投げれば届くくらいのあの場所で、ほんの数年前に1930年以来最悪の金融危機が起きたと言った。あれだけの莫大なカネが救済に使われたのに、だれも刑務所に行ってない。まだ何年も経ってないのに、まるで何事もなかったみたいに、シティはどんどん〝平常運転〟に戻っているようだ。だから、金融業界について書いてみないか？

彼の後ろに、初夏の日差しにきらめくリージェンツ運河と、ブリュッセルかパリに向かうユーロスターが見えた。ガーディアンはニューヨーク・タイムズに並ぶ、世界最大のオンライン高級紙だ。そんな高級紙のためなら、金融業界の中の人も喜んで時間を割いてくれるだろう。間違いない。金融の世界のことは、平均的な読者並みにしかほとんど知らなかった。でも、これほど一般人にとって利益がありながら関心の薄い問題もない。あなたのカネが危ないと言えば、読者は必ず関心を持つ。それなのに、〝金融改革〟という言葉が出ただけで、みんなそっぽを向いてしまう。

僕はものすごく乗り気になって、ラスブリッジャーに礼を言った。イギリス人は、イヤな感情を隠すときだけじゃなく、熱意を抑えるときも上唇をすぼめるんだってことを、そのときに初めて知った。

そんなわけで、中東で5年を過ごした、人類学専攻のオランダ人記者の僕が、シティでめずらしい調査に乗り出した。まったくの門外漢が、金融業界で手探りの冒険を始めることになったのだ。

「沈黙こそ金融業界の本当の陰謀だ」

フィリップ・オージェ『欲深い商人』2005年

目次

1

沈黙の壁の向こう側

電気自動車の長所と短所を取材するにあたって、僕はなんの下調べもせず、ゼロから始めた。ずぶの素人が疑問をぶつけると、専門家は易しい言葉で説明してくれた。それに味をしめて、今回もまた同じ手を使うことにした。

だから、今必要なのは、ずぶの素人の疑問だ。そこで、アムステルダムとロンドンの友人知人に、金融業界の何を知りたいかを聞いてみた。みんなが金融の人たちに怒っていたけど、なぜ怒っているのかは、はっきり説明できなかった。2008年のリーマンショックとそれに続く1930年以来最悪の金融危機の間に、実際に何が起きたのかをだれも理解していないようだった。「金融の仕組みをわかるように説明してくれたらありがたいな。でも2日もすると全部細かいことは忘れちゃいそうだけどね」そんな反応ばかり。

そっか。じゃあ、金融とか銀行について、どうしても頭から離れない疑問とかある？　答えを聞いたら絶対忘れない、みたいな？　みんながまず、だれかに当たりちらしてからでないと、会話が先に進まなかった。「だって、ありえなくね？　金融のヤツらを税金で救ってやったのに、だれもボーナス返さなくていいとか。社会の底辺にいる人が割を食ってんのに。しかも、その救済のおかげで生き延びた銀行のヤツらがものすごいボーナスもらってるとか、ないだろ」

話を聞くうちに、友人たちは同じ疑問をぶつけたいんだってことに気がついた。「金融のヤツらは自分が恥ずかしくないのか？」うん、これはいい出発点かも。でも、もう少しやんわりと聞いたほうがいいな。

ロンドンに落ち着くと、アドレス帳を引っ張り出してあちこちの知り合いに連絡し、シティで働いてる人を紹介してほしいと頼んだ。もちろん、返事が来るまでにはしばらくかかるはずだから、その間に新居探しをすればいい。昔から、僕にとってのロンドンは、ベルリンやパリと同じ分類に入っていた。ヨーロッパの大きな国の首都だ。でもロンドンは、ベルリンとマドリッドとパリを合わせたくらい大きかった。

金融街の中心まで地下鉄に乗り、散歩してみた。すると、〝シティ〟なんて呼び方は正確じゃないってことがわかってきた。ロンドンの金融業界では25万人から30万人が働いている。

それは膨大な人数だし、その場所もロンドン中に広がっていた。西のピカデリー・サーカス近くにあるメイフェアの上品な高級住宅街には、他人のカネを運用する、どちらかというとリスクの高いプロの投資家がいた。プライベート・エクイティや、ヘッジファンドや、ベンチャー・キャピタルだ。地下鉄のバンク駅周辺が、昔からの〝シティ〟とか〝スクエアマイル〟と言われる場所で、そこには証券会社や保険会社や、ゴールドマン・サックスみたいな有名な投資銀行があり、セントポール大聖堂やイングランド銀行や元の証券取引所（今はレストランとショッピングセンター）といった歴史的建造物がその周りを囲んでいる。ロンドン・シティ空港に向かって東に行くと、埠頭跡を再開発したカナリーワーフ地区があり、ここに本社を移す銀行や金融機関も増えてきた。カナリーワーフには、目がくらみそうなピカピカのガラスの摩天楼と巨大なショッピングセンターがあり、街路は手入れの行き届いた樹で飾られ、いたるところに取り付けられた監視カメラが四六時中街を見張っている。カナリーワーフは民間が所有する地域で、活動家が抗議集会でも開こうものなら、ここは私有地だと警告される。地下鉄ジュビリー線の駅から50ヤードまでを除いたカナリーワーフのすべてが、民間の所有地だ。

ロンドンをぶらぶらし続けて数日が過ぎた。金融業界の関係者を紹介してほしいという依頼に応えてくれた人はいなかった。心配しはじめたころ、エルサレムで知り合った友達が僕をパーティーに誘ってくれて、そこで「シド」を紹介してくれた。シドは30代後半の、背が高くてがっちりした移民の息子だった。数々の大手銀行でトレーダーとしてキャリアを積んだあと、数人の仲間と証券仲介会社を始めた。クライアントから注文を受けて市場で証券を売買し、仲介料をもらう仕事だ。前々から、外の人にシティを理解してもらう助けになりたいと思っていたんだ、とシドは励ますような声で言ってくれた。会社に来て一日過ごしてみたら？ ただし、自分の名前と会社名は明かさないでほしいという条件だった。「お客さんが嫌がるからね」

1週間後の早朝、シティの中心部にあるシドの会社に行った。金融の世界ははっきりとふたつに分かれていて、朝子供に会う人種と夜子供に会う人種がいると、シドはあらかじめ教えてくれた。〝市場〟に合わせて働く人はかなり朝早く起きて、市場が始まる〝寄り付き〟と同時に仕事ができるように準備する。子供と顔を合わせるのは夜だ。もう一方は市場に合わせる必要がない人たち、たとえば弁護士やM&Aのバンカーだ。彼らは毎朝子供を幼稚園や学校に送っていけるが、毎晩すごく遅くまで働いている。シティのどこかで優雅に昼食を食べているのは、後者の方。市場で働く人たちはコンピュータスクリーンの横で昼食を取る。

「ちょっとその辺でぶらぶらしててもらえる？」シドが言った。「7時半前に投資家向けのレポートを書かなくちゃならないんだ」銘柄コードやグラフや市場データが映し出されたスクリーンがずらりと並んだ机の方に、シドは向かった。周りは電話と金融ニュースにチャンネルを合わせたテレビだらけだ。寄り付きまであと1時間足らず。部屋の中に張り詰めた雰囲気が満ちてきた。ワールドカップの注目の一戦の開始前みたいに、僕の胃がぎゅっと引き締まった。

シドのレポートは、市場分析と投資助言を盛り込んだものだ。クライアントである年金基金や保険会社やその他のプロの投資家たちは、少なくとも1日に300通は投資助言のメールを受け取っているらしい。「短く要点だけに留めるようにしてるんだ。1ページを超えたら読んでもらえない。数段落でも読んでもらえたら御の字だ」シドは個別企業には触れない。個別企業を分析するアナリストはほかの会社に星の数ほどいる。シドが書くのは「経済全体を俯瞰する」ようなものだ。彼はその後一日中、市場ニュースにコメントしたり、レポートを更新したりしていた。

それってスポーツコメンテーターのような仕事？　市場が試合みたいな？　シドは一瞬考えた。「たぶんね。でも僕の分析は、スタジアムの観客向けじゃなくて、コーチや選手向けなんだ」彼のクライアントの中には、大手銀行のトレーダーもいた。「僕らは大手銀行で働いてたから、どんな感じかわかる。トレーダーはすごく孤独なんだ。ひとつの分野、たとえば自動車業界ならその業界だけしか見てない。それが、そのトレーダーの〝帳簿《ブック》〟なんだ。そのブックをたったひとりか、せいぜい数人の部下と一緒に管理しなきゃならない。僕らの調査レポートは、参考意見っていうかセカンドオピニオンみたいなもの。いいアイデアを投げるってだけじゃなくて、上司の前で気の利いたことを言いたいときに使えるようなものかな」

＊＊＊

寄り付きから30分は、だれもがものすごく忙しそうだった。フロアのあちこちで、ブローカーたちがお互いに怒鳴り合っていた。「金《きん》が1670だったの見た?」ブローカーの仕事は、市場に「入り込んで」クライアントが売りたいものに買い手を探したり、その反対をやったりすることだ。だんだん場が落ち着いてくると、ある女性ブローカーは片目で大衆紙のサンを見ながら、もう一方の目でスクリーンを見ていた。「ブローカーとクライアントの違いを知ってる?」彼女が聞いてきた。「ブローカーは電話を切ったあとに『ふざけんな』っていうの」

僕はそれをノートに書き留め、こめかみに指を当てている20代後半の男性の方に向かった。彼は4つの画面を見つめていたけれど、スクリーンに近寄りすぎて鼻がつきそうだった。〝テクニカル分析〟ってやつをやってるんだと教えてくれた。簡単に言うと、ある企業群の株価のトレンドを見つけて、それをもとに投資助言をするんだとか。その彼は高校時代からずっと相場に夢中だった。経済のことはあまり知らなかったけれど、現在シドがやっているような複雑で付加価値のあるリサーチにカネを払えるのは大手だけだとわかった。それから〝テクニカル分析〟、つまり一般に公開されているデータを使って市場を分析する方法に出会った。「もうこれをやりはじめてから数年になるけど、直観とか、無意識の認識とか、パターーンの発見が驚くほどものをいうんだ」

「おい、オマエ」シドがぶっきらぼうに呼んだ。「オランダ人のお客さまと話してやれ」そこで、僕はその話し上手な、ちょっとげっそりした感じの20代後半の男性とひざを突き合わせることになった。自分はセールスだからラッキーだと彼は言っていた。シドなんて5時起きだけど、自分は5時半起きでいいから。僕が小さなノートに急いで全部書き留めていると、サンを読んでたあの女性ブローカーが折りたたんだ紙を渡してくれたので開けてみた。「そいつマジで狂ってるけど、無害よ。ふつうはね」セールスの男性はその紙をくちゃっと丸めて、彼女の頭を狙って投げた。それから肩をすくめて、こう言った。「トレーディングフロアのジョークさ」

〝セールス〟の仕事は、シドのメモやテクニカルアナリストの分析を自分のクライアントに渡し、自分を通して何かを買ってもらうことだ。フィルターみたいなものだと言っていた。クライアントのニーズをよく知っているからそれができるらしい。その日の市場心理に注目する投資家もいれば、テクニカル分析が好きなクライアントもいれば、企業財務の健全性といった長期的なファンダメンタルズを見る人もいる。

彼は画面を指さした。「これがクライアントのリストだ。もう何年も担当してる。この会社に移ったときに、一緒に連れてきたクライアントも多い。クライアントは会社よりもセールスマン個人についてくるからね」セールスマンは結局2つのタイプに分かれると彼は言った。「聞き上手なタイプと、ガンガン攻めるタイプ。攻めるタイプは、自分の望み通りに相手を動かす。そうやって成功するやつも多いけど、俺はどっちかというと聞き上手なタイプ。クライアントと長く付き合いたいと思ってる」

それは実現できそう？　一瞬答えに詰まった。

「今は、なんでこんな仕事してるんだろうって思う。時間は長いし、給料だってひどい時期が長く続くこともある」フリーで働く彼の報酬は手数料に連動していて、リーマンショック以来、取引が激減していた。一方で、固定費は高かった。金融データの購入、通信システム、いくつものスクリーンとPC、クライアントとの昼食や飲み会。「かなり面の皮が厚くてバカみたいにお気楽じゃないと、神経がやられちゃったり酒に頼らないとやっていけなくなったりする」

ロンドンとほかのヨーロッパ市場が引けて、僕はやっとひと息つくことができた。そうか、これが小さなトレーディングフロアか。ニュースでよく聞く〝金融市場〟の一部なんだな。〝今朝の金融市場はドイツの選挙結果を好感しました〟なんてやつだ。スクリーンに並んだたくさんの数字は正確でなんの曇りもない世界に見えたけど、なぜか嘘っぽくて、現実とはかけ離れたコンピュータゲームみたいだった。

約定の処理がすべて終わったら、一杯ひっかける時間だ。今日はいい日だったのかな？　あのテクニカルアナリストにとってはいい日じゃなかった。相場が彼の予想と違う動きをしたからだ。「明日は明日の風が吹くさ」シドもあんまりうれしそうじゃなかった。彼はレポートでスイス中央銀行の介入を予測していた。「その15分後にスイス中銀が介入したんだ。でも、何かの間違いで僕のレポートが送信されてなかった。もし送信されてたら、点数稼ぎになってたはずだ」シドはビールをお代わりした。「といっても、もちろんクライアントが僕のメモを読んでれば、ってことだけど」

＊＊＊

シドと過ごした一日は僕にとってなによりの金融入門になったけど、今回はたまたまラッキーだっただけだ。ほかのインタビューの依頼は無視されていたし、逆にこんな反論を受けていた。金融の人間を嫌う理由が欲しいだけなのに、どうしてわざわざ自分が時間を割いて、金融業界の説明をしなくちゃならないのか？　ガーディアンを信用しないという人もいたし、僕がどれだけ媚びへつらって頼んでも、丁重ながらはっきり「結構です」と応える人がほとんどだった。

僕はもういちどシドを見上げて、ビールを飲むうちにやっとその理由がわかった。金融の世界を支配しているのは、沈黙の掟だ。シドと仲間たちは個人事業主だけど、銀行やほかの金融機関の社員は、もしマスコミと話してることがばれたらクビになるかもしれないし、訴えられるかもしれない。自分の評判に取り返しのつかない傷がつくかもしれない。そのあとにシティで次の仕事が見つかるだろうか。会社での経験を口外してはいけないと、雇用契約にははっきり書いてある。

僕は一瞬、これぞ〝学習曲線〟だと思った。それに、脅しが完全に効くことはほとんどない。

サダム・フセイン政権下のイラクだって、外国人ジャーナリストが市民に話をしてもらうことができたじゃないか。市民に安心してもらえたら、という前提だが。僕はインタビューのお願いを送り続けたけれど、今回は保証と約束を付け加えた。僕たちが話したことは、絶対だれにも知られないようにします。このメールを見るのは僕ひとりですし、あなたの肩書も勤め先も絶対に外に漏らしませんし、あなたの国籍も人種も絶対わからないようにします。

また丁重な断りが次々と舞い込んできたけれど、M&Aのデータ管理サービス会社に勤める営業マンが、突然「いいよ」と返事をくれた。そのあとすぐに、金融専門の弁護士がランチを一緒にしてくれることになり、続いて大手の調査会社の管理職、プライベート・エクイティのアナリスト、投資銀行のM&A担当者やコーポレート・ファイナンス担当者が会ってくれることになった。匿名を条件に、自宅か、職場の同僚や元同僚に絶対出くわさないような場所で会うことにした。できればインタビューを録音したかったけど、そうするとみんなすごく神経質になってしまうので、ノートを取るだけにした。インタビュー原稿にOKをもらうことにしたのは、そういうわけだ。本当に自分は正しく理解してるんだろうか？　ウェブに上げるまえの原稿を、相手にチェックしてもらうことにした。重要な言葉が消されないかと心配したけれど、その心配は晴れた。相手が気にかけていたのは、だいたいどうでもいい文章の方だった。『9階からの素晴らしい眺め』ってところは消してもらえませんか？　同僚に僕とわかっちゃうんで」とか、「一日の始まりは紅茶って入れないで。トレーディングフロアで紅茶を飲んでるのは私だけだから」緊張してることが恥ずかしいらしく、不安を示すような表現は全部抜いてくれという人もいた。沈黙の掟についての、沈黙の掟があるってことだ。

10人からインタビュー原稿にＯＫをもらったところで、僕は早速ガーディアンのブログにアップした。その記事と共に、あのガラスの塔の中で何が起きているか、匿名で正直に話してくれるインサイダー求むと呼びかけた。「あなたのことを教えてもらえませんか?」

すると、急に道が開けた。数時間もたたないうちに続々とメールが届いた。最初に記事にした10人は全員男性だったけれど、今度は女性も応えてくれて、僕にはちんぷんかんぷんな職種の人も多かった。ほとんど取引されず市場価格のない債券に値をつける、債権値付け人《ボンド・プライサー》。さまざまな海運リスクに対して保険をかけたい船舶所有者と、保険料をとってそうしたリスクを引き受ける保険会社をつなげる、保険仲介者。新しい規制やテクノロジーに追いつくためにＩＴシステムの改善を助言したりする、金融ＩＴ運用アドバイザー。中東の投資家と有望な起業家をつなげるベンチャー・キャピタルの資金調達担当者。

セントポール大聖堂近くのパターノスター・スクエアにあるサンドイッチ店で、あるヨーロッパ系銀行に勤めるマーケティング部長とお茶をした。この業界に10年以上もいる彼女は、「喜んで業界の謎を明かしますよ」とメールに書いていた。「時間は自由になるから、日中ならいつでも会えます」彼女はきれいな中流階級のアクセントで、辛辣なジョークや発言を楽しむ

30代後半の女性だった。彼女が勤め先を明かすと、3種類の反応があるという。たとえば、子供が通う学校のママ友の反応はこんな感じだ。「がっかりした表情をされるわね。『え〜もっと面白い仕事かと思ってた』みたいな。それか、問題外、って感じの反応。そうじゃなきゃ、私がいつもおごって当然みたいにおサイフ扱いか」

クライアントや同僚と夜な夜な飲みまくってるに違いないと思ってる人もいるし、自分より稼ぐ女が気に入らない男性もいるらしい。デートでは相手に遠慮することも多いと言っていた。「彼が払えるように安めのレストランに行ったり、旅行もあまりぜいたくにならないように気を遣ったりするわ。男の人って自分が上に立ちたがるじゃない？」

ふたりで笑ったところで、給料の質問を切り出してみた。「あまり大きな声じゃ言えないの」と言って、ナプキンに書いた。11万ポンド。「プラスボーナス」と付け加えた。ボーナスは給料のだいたい半分で、そのうえ20パーセントのオプションもついてくる。「いいときには、もっと高くなるの。倍ぐらいかな」少し黙った。「でもね、同僚も私もチャリティに寄付してるわ。ほとんどの人がボーナスの1割は寄付してるし、わざわざ寄付集めの会だって開いてる。外の人にはチャリティのことはあまり話さないけど、内輪ではいつも話題になってる。どのくらい寄付したか。どのくらい寄付を集めたかって」

自分たちが贅沢だってことはわかってる、と彼女は認めた。「補助教員をやってる友達は、年収1万2000ポンドだって言ってた」大学生のときは、金融とまったく関係のない分野を専攻していたらしい。どうしてこの業界に入ったんですか？　表情はそのままだったけれど、答えるときに声のトーンが変わった。「独りで子供を育てなくちゃならなかったから。２人分の収入が必要なの」

そのマーケティング部長はたいして沈黙の掟を気にしていなかったけれど、かなりの例外だった。彼女以外のほとんどのインタビューでは、相手にストレスや恐れがのしかかっていることを感じた。相手が急に黙り込んで、固まった笑いを浮かべ、僕の目をじっと見てこうささやくことが何度もあった。「出ましょう。今すぐ」同僚が入ってきたのかもしれない。ヘッドハンターと密会するときと同じお店を使っていたのかもしれない。

取材相手の少なくとも半分は、最初のやり取りのあとで連絡が途絶えた。インタビューの場所に相手が現れなかったこともあるし、ショートメールでドタキャンされることもあった。僕がノートを手にして待っているときに、断りの連絡が入ることもあった。インタビューのあとで、やっぱりなしにしてくれという人も多かった。たとえば、証券会社での人種差別や同性愛差別やセクハラを告発したいと言っていた、ふたりの女性もそうだった。ひとりはこう書いてきた。「お時間を使わせておいて、こんなことを言うのは心苦しいんですが、自分の言葉を改めて文字で読んでみると、やっぱり外に出す気になれないし、キャリアが絶たれるんじゃないかと心配になりました」

女性たちはほぼ例外なく男性よりも緊張していたが、こんなふうに言う男性もいた。「インタビューに答えるなんて狂ってるってカミさんに言われたよ」女性のほうがナーバスに見えると本人に言うと、全員がイラッとした反応をした。「あ〜いやだ。普通の女みたいになっちゃった」「わかる？　女性のほうがリスクに敏感なのよ」と言う人もいた。

「想像もつかないかもしれないけど、これってありえないことよ」だれもが恐れる広報部門で以前に働いていた女性はそう言った。「もしまだあの銀行にいたら、絶対インタビューなんて受けてなかった」その日は、天気のいいオランダが恋しくなるような、ロンドンによくある暗い雨降りの一日で、僕たちは彼女の自宅近くの特徴もない喫茶店で待ち合わせた。彼女は30代半ばで、いくつかの大手銀行で10年間過ごしたあとに、金融業界から足を洗ったばかりだった。

社員がマスコミに話したかどうかが、どうしたら広報部門にバレるの？　彼女は肩をすくめた。「メディアを見張ってくれる業者がいるの。同僚が告げ口することもある。『これ見て』ってね」その後聴聞会が開かれて、懲戒処分か解雇が決まる。いくつかバレたケースを教えてくれて、記者がどんなにいい人でも「マスコミは友達じゃないでしょう」と広報部が社員を諭したそうだ。少なくとも最後に働いた銀行では、「許可なくメディアに話した人が全員処分されてからは、もうだれもしゃべらなくなった」と少しうれしそうに語っていた。

広報経由の〝公式取材〟のルールを彼女は教えてくれた。取材のトピックを事前に了承していること。広報担当者が取材に立ち会うこと。了承したトピックから逸れたら、広報担当者が割り込むこと。「ちょっとそれにはお答えできかねます」とか、もっと上手なのは「ここではお答えできませんが、のちほどお答えできる人間をご紹介します」とか。取材後に広報が「発言の化粧直しをする」こと。というと、腹黒く聞こえるけど、そんなことはないと彼女は言い張っていた。「発言に筋が通ってるように確かめるってこと。もし誤解を招くような言葉があったら、削除するの」なんといっても、評判は銀行にとっていちばん大切な財産だから。

コーヒーをお代わりしたとき、彼女が僕に金融業界に入ろうと思ったことはあるかと聞いたので、僕は言葉を濁しながら、そうするジャーナリストは結構多いと答えた。彼女も、そうよね、と言った。給料ははるかにいいけど、金融に移るとみんなショックを受けるという。そのまえに、大手銀行のいじめ文化について話していたところだった。「ジャーナリストって、金融のことぜんぜんわかってないのよね。こっち側にきて、すごくびっくりしてるのをときどき見かけるわ。最初の半年は、なんじゃこりゃ、って感じなの。反対側にいるときは、金融の人たちはメディアの人間にめちゃくちゃ親切だから、まったくわからないわけ」彼女は楽しそうにそう言った。

今度は僕が笑い、だから絶対に広報を通して取材しないんだと言った。だって、もし同僚が立ち会ってたら、さっきみたいなことは話せないですよね？　でも、これまでずっとほかの人たちに押し付けてきたルールを、どうして破ろうと思ったんですか？　彼女は一瞬考えて、もっと両面からの議論があっていいと思ったからだと言った。「これまで自分の意見は一度も言ったことがないの。でも、口に出さずに心の中で叫んでた。『そう、その質問よ』なんて内心思いながら、ジャーナリストを遮って、銀行の思い通りの方向に誘導してたの。だから、これは懺悔なのかも。ほら、敬虔なカトリックの人がやるような」

彼らの恐れがどれほど深いかは、なかなか伝えられない。僕のブログが話題になると、学者やジャーナリストやドキュメンタリーフィルムの制作者たちが、僕の取材した相手に会わせてもらえないだろうかと訊ねてきた。そうした依頼を転送すると、決まって同じ答えが返ってきた。「申し訳ありませんが、クビになるような危険なことは、もうこりごりです」

この厳しい沈黙の掟のせいで、部外者が垣間見るシティの姿は限られてしまう。電気自動車のプロジェクトは正反対だった。あのときは、専門家が喜んで僕に会いたがり、僕はインタビュー相手を選ぶことができた。今回は仕事や生活について内情を話してくれる人が名乗り出るのを待っている状態だ。彼らがリスクを負って取材に応じてくれたのは、シティの内部事情や金融関係の仕事に対する偏見や固定概念を覆そうと思ったからだ。たとえば、金融業界のすべてが恐ろしく複雑だというのは、外の人たちの思い込みにすぎない、と彼らは言う。もちろん、数学や物理学の天才がやってる仕事がそう簡単には理解できないことはわかる。でもそれ以外の人間がやってることは……。

「業界の隠語はすごく多いですね」と教えてくれたのは、ごく最近まで大手投資銀行でM&Aをやっていた男性だ。「っていうか、とにかくたくさんあって、全部憶えなくちゃなりません。

でも、すごく優秀でなくてもいいんですよ。普通に賢ければね」彼は30歳前後で、もともと東アジア出身で、いかにもアメリカの一流大学出身っていう感じの、礼儀正しくて落ち着いた話し方をしていた。僕が事実でないことを言うと、「実際はそうじゃなくて……」と正してくれる。僕の意見や解釈が違っている場合には、「その前提は、少し違うと思います」と教えてくれた。

シティでのキャリアは、ある意味で「持久戦」だと彼は言っていたし、ほかの人も同じことを言っていた。自分の給料をあまり言いたがらなかったあのマーケティング部長は、金融業界の人たちの多くは、なんとなく流れ着いただけだと言って譲らなかった。私がやってることなんてだれでもできるのよ。「もちろん、専門知識が必要な場合もあるけど。でも私だって最初の面接のときは、株と債券の違いさえ知らなかったのよ。必要なのは自信だけ」

ロケット科学者ばかりじゃないんだ、それに億万長者ばかりでもないし。経験豊富なトレーダーは、そう言っていた。「すごく儲けてるのは、たぶん全体の5パーセントぐらいだよ。それ以外の人間も、ほかの業界の同じ学歴の人たちと比べれば、もちろん収入は多い。でも時間も長いからね。こんな感じなんだ。俺は自分の机について、上司を見てる。上司には何億と貯金があって、自家用ジェットを持ってて、車も何台かあって、地中海に別荘もある。でも、自分と比べて上司がすごく頭が切れるってわけじゃない。でも上司はすごく儲けてる。俺だってできそうだと思うんだ。それでもう1年働いて、自分にデカいチャンスが来るのを待つ。シティってのはそんな感じなんだ。ほんの一握りの人間がものすごいカネを手に入れてることを、95パーセントの人間が知ってる。でも俺たちはその一握りの人間のそばで毎日働いてる。するとあれが自分でもおかしくない、って思い込むようになる」

「わりと普通の職場だってことかな」イギリスの大手銀行で社内監査の仕事をしている女性に、外部の人が何に驚くと思うかを訊ねたときの答えだ。「みんな普通の人よ。大物ぶってない。偉そうにもしてないわ。お給料だって多すぎるってわけじゃない。少なくとも私たちはそう。もし別の業界で同じような仕事に就いたとしても、1割くらいしか違わないんじゃないかな。もっと近いかも」

会計士になったとき、銀行から始めるといいとアドバイスを受けたという。そのあとに、どこにでも行けるようになるからだ。でもそれはリーマンショックのまえのことだ。今は金融業界以外の仕事を探しはじめて、しばらくになる。転職コンサルタントが彼女の経歴にぴったりの募集を見つけた。でも、数名に絞られた候補の中で、彼女だけが面接に呼ばれなかった。銀行出身者は企業文化に合わないと思われたらしい。「会ってもらうことすらできなかったの」と悔しそうに彼女は言った。「どの会社に勤めているかで、私の性格を勝手に判断したのよ」お見合いサイトでも、今どき銀行勤めなんて隠したほうがいいみたいね、とも言った。「じゃないと、だれも付き合ってくれないから」パーティーでも、子供の送り迎えでも、知らない人にはどこで働いているかを言わなくなったと多くの人が言っていた。ネガティブな反応が怖いからだ。

インタビューを重ねるたびに、金融の世界についての僕の勝手な思い込みが正されていき、新しいことも学び始めた。まず、金融業界は、銀行だけじゃなくて、はるかに大きいこと。次に、投資銀行《インベストメントバンク》と、リテールや商業銀行との間には深い溝があること。ある商業銀行の社員はこう言っていた。「インベストメント・バンカーが外で獲物を探しまわる狩猟民族だとすると、商業銀行の人は辛抱強く土地を耕す農耕民族みたいな感じだね」

リテール銀行で、潰れそうな会社を救いローンの貸し倒れを防ぐ、企業再建の仕事をしていた若者は、自分の仕事は投資銀行とは違うと何度も強調していた。彼は投資銀行のトレーディングフロアでも働いた経験があった。今の職場と比べるとあまり楽しくなかったようだ。「企業再建チームはすごくチームワークがいいんです。それに形式ばってないし。投資銀行だと、下っ端は偉いマネージングディレクターに意見なんて言えない雰囲気なんですよね。でも、ここではみんなチーム優先ですし、たとえばコーヒーをつぐのも全員が順番でやっています」

メールにこう書いてきた女性もいた。「もっと伝統的な銀行業務、たとえば実際の融資の仕事は、あなたのブログではほとんど取り上げられていませんよね」そこで、すぐに会う約束をして、テムズ川沿いのレストランで一緒に昼食を取ることにした。ちょうどクリスマス休暇の時期で、シティはいつもとまったく違っていた。かちっとした服装で次のアポイントに急ぐ男女の姿は消え、色とりどりの服装に身を包んで寒さに震えている観光客ばかりだった。インタビューの相手は20代後半のイギリス人女性で、もともとは理系だと言う。フレンチトーストとイチゴを頼み、おいしそうに頬張っていた。

シティでは、私がやってるような融資の仕事は退屈だと思われてるの、と彼女は嫌そうに言った。「トレーダーはガラスのビルの中で、一日中電話に向かって怒鳴りながら、スクリーンを見つめて数字をいじくってるだけ。私の仕事は、学校を建てたり、有料道路を作ったり、橋を作ったり、海外に石油掘削施設や発電所を作ったりするのを助けること。ヨーロッパの全域にも、ロシア、アジア、サウジアラビアにも行くし、私自身がガスプラントの竣工式や太陽光発電の公園の開園式に立ち会ったり、石油精製工場を査察したりもする。どっちが退屈な仕事？　金融の世界は、みんなが想像してるようなディーラーメーカーやトレーダーよりはるかに大きいの。私の言いたいのは、そこなのよ。読者にだけじゃなく、家族や友達にもね。みんな私がすごいボーナスを追いかけて、金融危機を起こした張本人だと思ってるみたいだから」

彼女がこの10年近くやってきた仕事は、いわゆる〝プロジェクトファイナンス〟というものだ。たとえば政府が、学校や橋や発電所や空港を建設したいとする。そのプロジェクトが競争入札にかけられると、契約を取りたい企業が応札する。一社では必要な専門技術がすべて揃わないので、異なる企業が協力することになる。建設会社は学校を建てることはできても、運営のノウハウも、資金調達のノウハウもない。

彼女はこの仕事が大好きだ。「金融業界のほとんどの人は案件のほんの一部だけに関わって、それをだれかに渡して、またたれかが少しだけやって、次に手渡してるだけなの。でも私たちは、全部に関わる。いろいろな場所をドライブしてるときに、『ああ、あれが私の道路、私の学校、私の交番』だと感じる。すごくやりがいがあるわ」

企業再建の仕事をしていた若者と同じように、彼女も投資銀行で短期インターンとしてトレードの処理をしていた時期がある。「あのときはずっと怒鳴られっぱなしで、しかもたいていは彼らのミスだった。優秀なトレーダーはいつも毅然とした態度で、とっさに反応しなくちゃならない。でもその態度のままで、普段も人に接してるの。食堂のサンドイッチを作ってるおばさんにも怒鳴ってるわ」

プロジェクトファイナンスの仕事に就く彼女の年収は10万ポンドを超えていて、彼女自身は「ほかのみんなに比べると、もらいすぎ」だと思っている。それでも罪の意識はない。というのも、充分すぎるくらいに税金を払っているから。でも、彼女ほどの経験と人脈と理系の才能があれば、投資銀行ではるかに稼げるのでは？　お断りよ、と彼女は言った。「投資銀行はおカネでおカネを生み出すの。投機よ。それが独特な雰囲気を作り出していて、私にはぜんぜん合わない」自分の職場は純粋な商業銀行だから、すごく居心地がいいと彼女は言っていた。「トレーダーたちにエレベーターで会わなくてすむってだけでも、職場が穏やかになるわ」

シティとは、ただの人間なのだと僕は気づきはじめた。暗黙のルール、服装の決まり、上下関係なんてことはすべて、村というか、部族の集まりみたいだった。中にいる人は暗黙の決まりごとや慣習を通して同じ部族だってわかるらしい。M&Aの弁護士が僕にそう教えてくれた。僕たちは、スクエアマイルの中でもかなり大きなオフィス街にある、ラミーナという地味なレストランで昼食を食べた。かちっとしたスーツに身を包んだ中年にさしかかろうという弁護士は、メニューを見て小ばかにするような冗談っぽい口調でこう言った。「ほら、料理用語を〝定義〟という別の項目で説明してるね。すごく弁護士っぽいな。大きな契約はいつも定義から始まるからね」彼は魚料理と炭酸水を頼んだ。「まだこれからやる仕事が残ってるからね」

彼はほかのテーブルを見回した。「弁護士ばっかりだな。美人妻も彼女もいないし、派手な女性もいないね。男性はみんな上着を着たままだ。弁護士の癖みたいなものだ。真っ先に上着を脱ぐようなことはしないし、だいたいずっと着たままなんだ。堅実な印象を与えられるから。ネクタイも目立たないものが定番。このレストランは食事はすごくおいしいけど、派手じゃない。今週のサンデータイムズで、この店はインテリアが『退屈』だって言われてたけど。退屈は弁護士にとっていいことさ。信頼と堅実と用心が売り物だから。自分もそんなふうに見えたほうがいいんだ」
「単発の案件をやってる人間は、自分がものすごく成功しているように見せたがる。たとえば君が起業家で、株式上場を手伝ってくれるバンカーを探してるとしよう。市場に株式を新規公開することを、IPOって呼ぶ。起業家が気にかけるのは、IPOが成功するかどうかだ。バンカーの手数料が1・2パーセントか、1・3パーセントかなんてどうでもいい。IPOをやってるバンカーは超高級車を乗り回して、起業家にこう思わせたいんだ。『すごい、この人はきっとやり手に違いない。そうじゃなきゃ、こんな車に乗れないよな』でも長期の関係を結ぶときはまったく違う。クライアントに時間単位で請求する場合は、高価な時計は家に置いてくる。弁護士費用がものすごい額になることもしょっちゅうだからね。クライアントに『待てよ、払い過ぎじゃないか？』って思われないために、自分の富はひけらかさないほうがいい」弁護士はそう説明した。

ネクタイだけじゃなく、靴や指輪からもいろいろわかるということを教わった。ヨーロッパ本土からシティに来たバンカーは、だいたい茶色の靴を履いている。ディールメーカーはエルメスのネクタイだけど、トレーダーは違う。クライアントに絶対に会わない理系の天才たちは、「母親が選んだ服」を着てるように見えるけれど、ありえないほど仕事ができる。少なくとも数学音痴にはそう思える。僕も早速、ゴールドマン・サックスを〝ゴールドマン〟って呼んだり、フランスのソシエテ・ジェネラルを〝ソジェン〟って呼んだり、〝ドイチェ〟なんて

〝銀行〟抜きで呼ぶようになった。事業会社は〝リアル企業〟で、給料とボーナスを合わせた報酬は〝トータル・コンプ〟と呼ばれる。「マジックサークルで働いてるんだ」（シティの最大手弁護士事務所5社のニックネーム）と言われても、トールキンの『指輪物語』を思い出したりしなくなった。ボーナスがゼロだと〝ドーナツ〟で、5人の話を同時に聞くのは〝ブローカー耳〟。〝太い指症候群〟はトレーダーにとって悪夢だ。動きの速い市場の中で「ブリティッシュ・エアウェイズ50万株買いで本当によろしいですか？」なんて悠長に確認してる暇はない。太い指症候群とは、1桁多くゼロをタイプしてしまい、死にもの狂いで損害を最小限に食い止めようとすることだ。

金融コトバはそれほど難しくなかったし、結構すぐに内輪のジョークも言えるようになった。〝ゴールドマンのバンカーが500万ドルもらったらどうする？ 仲間にカネの使い道を聞く。〟〝経済学者には3種類しかいない。足し算ができるやつとできないやつ。そして過去3回の金融危機のうち、7回を正しく予測してたやつだ。経済学の半分は実際役に立つ。でもそのどっちが役に立つかは永遠にわからない。〟

はじめのうちは取材がそんなふうに進み、楽しかった。でも、ひとつだけちょっとした問題が残っていた。それは最初にインタビューした人が言っていたことだ。その日は暖かい夏の夜で、相手の指定でコベント・ガーデンにあるフレンチレストランで待ち合わせた。くたくたの旅行者たちが、同じくらいくたくたのウェイターに注文を出していた。インタビューの相手は大柄でくだけた感じの25歳くらいの男性で、M&Aのデータ管理サービス会社の営業を何年かやっていた。何を注文したかを書いていいかと聞くと、快諾してくれた。前菜はフォアグラで、メインはハンバーガーとフレンチフライ、デザートにブランデー入りダブルマキアート。彼が注文した白ワインを2人で飲んだ。前菜が来ると僕はノートを開いて、M&Aのデータ管理サービスの営業って実際にはどんな仕事ですかと聞いた。

彼はフォアグラの大きな塊を口に入れて、説明を始めた。企業が売りに出されると、バンカーや会計士やコンサルタントや弁護士が、企業価値を決めるために財務諸表を調べる。それに6か月から1年くらいは軽くかかる。企業の帳簿がきちんと整理されていないこともある。そういった情報は極秘なので、紙の資料は厳重に警備された部屋に保管される。彼の会社はそうした資料をまとめて整理し、使いやすいように一枚のディスクに保存する。「僕たちが作るCDはもちろん暗号化されてる。でも、絶対になくしちゃ困るものだ」

彼の仕事のいちばんのタブーは何か、彼にとって最悪の失敗は何かと聞いてみた。彼は即答した。「守秘義務違反。このまえ、ある飲み屋で隣のテーブルの人たちが、進行中の案件についてデカい声で細かいことまで話し合ってた。もし僕がその情報を使って行動を起こしたら、あの人たちは完全にアウトだよ。案件にコードネームをつける理由のひとつはそれなんだ。マンガのキャラクターとか、ギリシャ神話の登場人物とか、社名のアルファベットの並びを変えたアナグラムとか。ものすごい高給取りの忙しい大物バンカーたちが、会議室に集まってコードネームを考えてる姿を想像すると笑っちゃうけどね」

彼は僕の表情を見てにやりと笑った。僕は話題を変えて、2008年の金融危機について聞いてみた。彼はぼんやりとしたまなざしを僕に向けて肩をすくめ、こう言った。「う〜ん、別に。なんて言ってほしいわけ？　俺、M&Aしか知らないし」

ちょっとした問題ってのは、そのことだ。

2

金融の世界と
リーマンショック

初心者の僕にとっては仕方のないミスだった。金融の世界は基本的にひとつだと思っていたし、その中にいる人たちはだいたい同じだと思っていた。だから網を遠くに広げた。業界全体が金融危機の黒幕なら、そこにいる全員をインタビューしたほうがいいと思っていた。

網を広げたおかげで、シティの印象はつかめた。でも、「どうして自分を許せるんだ？」みたいな質問や、金融危機の責任を問うような話になると、あっけらかんとした答えしか返ってこなかった。自分の仕事がリーマンショックとはまったく関係ないという人もいれば、2008年の金融危機についてはメディアや書籍から得た知識しかないという人もいた。例の金融危機について驚くほど無知な人もいれば、まるで関心のない人もいた。

あのフォアグラの男性がいい例だ。

初心者の段階はあきらかに終わりに近づいていたけれど、だからこそ、それまでに聞いた話を振り返ってみると、すごく恐ろしくなった。あの金融危機は業界の人にとって外の人と同じくらい大きな不意打ちだった。しかし、部外者とは違って彼らはその深刻さを理解していた。

9月15日に起きたリーマンの破たん後の数時間、数日、数週間が、キャリアの中で、あるいはそれまでの人生で最もつらい時期だったという人もいた。危機の最中には簡単にカネを稼げるチャンスがあったのに、スクリーンの前にただ固まって、麻痺したように何もできずに座っていた同僚もいたという。絶望的になって家族に電話をかけた人もいた。「ATMで貯金を全部おろしたほうがいい」「急いでスーパーに行って買いだめして」「金《きん》を買え」「子供を連れて田舎に避難してくれ」そうした暗い日々のことを話すときの彼らは、まるで自分の弱さに屈辱を感じているように、声に恥の意識が混じっていた。あのシドでさえ、沈んだ調子になった。「あのときはマジでビビった。恐怖映画みたいなビビりじゃなくて。本物の恐怖だった」

外から見ているぶんには、2008年の暴落は単に深刻な危機だとは思ったけれど、世界の終わりって感じじゃなかった。うなだれたリーマンの社員が段ボールに持ち物を詰めてウォール街をとぼとぼ歩いてるイメージは、ある意味で軽さを感じさせた。数百人の高給取りが失業するだけのように思えた。天人がやっと地上に降りてきた、というような。だけど、あの段ボールを抱えていたバンカーたちの姿は、ありえない破滅のほんの始まりだったってことになる。文字通りの意味で、金融の専門家も、とんでもない悪夢を超えた何かが起きたってこと以外には、よくわかっていないわけだから。専門家はこれを〝金融版のメルトダウン〟、または聖書で終末を示す〝アルマゲドン〟に例えていた。現在は保守党議員で元イングランド銀行のエコノミストのマシュー・ハンコックと世論調査専門家のナディム・ザハウィーのふたりは、『マスターズ・オブ・ナッシング──人間の本質を理解しなければ、金融危機はまた起こる』(Masters of Nothing)の中で、「バンカーたちは市民社会が崩壊したときに要塞に立てこもれるよう、銃を溜め込んでいる」と書いている。

みんな、何をそんなに恐れているんだろう? イギリス人ファンドマネジャーのジョージ・クーパーは、『金融危機の始まり』(The Origin of Financial Crises)の中で、単純なドミノ効果を挙げている。ひとつの大手銀行の破たんがきっかけでグローバルな金融システムが止まり、回らなくなり、内側から崩壊することもある。これはただ僕たちが銀行から預金を引き出せなくなるばかりか、商業的な金融も止まってしまうということだ。クーパーが言うように、「今回の金融危機では、グローバルな金融システム全体が破たんに限りなく近づいていた。もしそうなっていたら、国際的な貿易はあっという間に機能しなくなる。需要に即応するジャストインタイム方式の物流システムの時代に、それは一大事だ」。たとえば、スーパーマーケットはあまり在庫を持たなくなっている。クーパーは、かなり控えめに、こう結論づけている。「世界中の大都市で、ほんの数日でも食料供給が途切れたらと考えるだけでも、恐ろしい」

2008年に、ドミノはすべて倒れそうなところまで行っていた。僕はそのドミノの次の駒になるかもしれなかった出来事を直接目撃していた。2011年の夏、ロンドンそしてイギリス全土で大規模な暴動が起きた。暴動は数日しか続かず、銀行とはなんの関係もなかったけれど、その影響は想像できた。ほんの数千人が街に繰り出して暴れるだけで警察はお手上げになる。もし世界中の数億人が、スーパーマーケットや薬局やガソリンスタンドへの供給が止まったと聞いたらどうなることか。

⁂

アルカイダは、2001年9月11日の同時多発テロ攻撃で僕たちの生活を破壊することに完全に失敗した。だけどそのおよそ7年後、金融危機がほぼそれに成功しかけた。ということは、次の疑問はこうなる。また同じことが起きる可能性はあるのだろうか?

答えを知るための第一歩は、業界の内幕を詳しく把握することからだ。金融危機の原因を作った人たちはどこにいるんだろう? 幸い、金融界の構図を理解するのはそれほど難しくない。では、〝金融星〟の地図がどんなものかを見てみよう。

まず目に入るのは、隣り合わせになった3つの巨大な大陸だ。資産運用、銀行、そして保険。いちばん大きくてまず目を引くのは保険だ。数億人の命だけでなく、車や旅行、船、発電所、アメフト選手の脚、金融商品など、ありとあらゆるものに保険がかかっている。

銀行は2番目に大きな大陸だ。最大のプレーヤーは商業銀行とリテール銀行で、保険商品も売っている。そこが保険の大陸と重なる部分だが、収入の大部分は、以前から一般の人々になじみのある業務から生み出されている。決済業務、貯蓄口座、住宅ローン、企業への融資などだ。国中を車でまわって「あれが私の橋」と言っていた、あのプロジェクトファイナンスの女性が働くのが〝商業〟銀行だ。

取材に応えてくれた人たちも言っていたように、商業銀行は投資銀行とまったく違う生き物だ。投資銀行というのは、トレーディングフロアにトレーダーがいて、株式上場を手掛けるディールメーカーがいて、コーポレート・ファイナンスやM&Aをやるバンカーがいて、金融商品を開発する人もいる場所だ。開発する商品はたとえば、リーマンショックのときに僕らもしょっちゅう耳にするようになった債務担保証券、いわゆるCDOといったものだ。リーマン・ブラザーズは〝純粋な〟投資銀行だったし、ゴールドマン・サックスもそうだ。ゴールドマン・サックスに貯蓄口座を開くことはできない。一方で、純粋な商業銀行もあるし、投資銀行業務も普通の銀行業務もやるような〝メガバンク〟と呼ばれる銀行もある。バンク・オブ・アメリカ、シティグループ、ドイチェ銀行、BNPパリバ、ソシエテ・ジェネラル、HSBC、バークレイズなどは、当座預金口座を開くこともできるし、新規株式公開（上場）を助けることもできる。お見合いサイトの自分のプロフィールから職場の情報を消した、例の社内監査の女性はメガバンクに勤めていて、投資銀行と商業銀行の両方を監査していた。

もちろん、これはすごく大ざっぱな分類で、地図を拡大して詳しく見れば、銀行以外にも同じ市場で業務をしている会社もある。たとえば、住宅ローンの専門業者は商業銀行と競合している。いわゆるブティック・ファームはM&Aのディールメーカーと同じ仕事をしているし、投資銀行のトレーディングフロアで行われている業務は証券会社や金融仲介会社にもある。シドはそうした証券仲介会社で働いていたし、シティの中で「すごく儲けてる」のはほんの一部の人間だと言った、あのトレーダーもそうだった。

大儲けしている人のほとんどは、そのカネをどこかに投資してくれる人が必要になる。そこで、3番目の大きな大陸が登場する。資産運用だ。資産運用会社は、手数料と引き換えに預けてもらったおカネを投資する。おカネを預けるのは、大金持ち（〝個人富裕層《ハイネットワース》〟）だけでなく、年金基金、金持ちの石油産出国、保険料を運用しなければならない保険会社などだ。普通の債券や株に投資する資産運用会社もある。投資家の資金を使って企業買収を行い、売却で利益を得るプライベート・エクイティ会社もある。ハイリスク・ハイリターンの〝非伝統的な〟投資手法を使うヘッジファンドもある。有望なスタートアップに投資して起業家を育てるベンチャー・キャピタルもある。金融の世界は単純じゃなく、ここにも重複があって、銀行も資産運用サービスを提供している。子供を養うために金融の仕事に就いたと言っていた、あのシングルマザーが働いていたのも、銀行の資産運用部門だった。

金融星を支配しているのは、保険、資産運用、銀行だが、その周りにはたくさんの島が散らばり、サービスを提供している。監査法人は企業の財務諸表を監査し、信用格付け機関は国や企業や金融商品の財務の健全性にレーティングをつける。格付けには、下は〝ジャンク〟と呼ばれる極めてリスクの高いものから、〝トリプルA〟として知られる超安全なものまである。そのほかにも、金融専門の弁護士事務所やコンサルティング会社、〝エグゼクティブ・サーチ〟と呼ばれるヘッドハンティング会社、金融系IT企業、M&Aのデータ管理サービス会社などがある。逆に星の外に飛び出して俯瞰すると、中央銀行や規制当局が、金融星の周りを衛星のように囲んで、すべてがルール通りに動いているかを遠くから確認している。

では、今回の金融危機と、それを引き起こした人たちを見てみよう。2008年以来、欧米では議会の委員会が何度となく聴聞会を開いたし、数多くの書籍が科学者や専門家によって著されている。その数は、英語で書かれたものだけでも、300をはるかに超える。あまりにも情報が多すぎて、この分野の専門家でさえ、もうお腹いっぱいになっている。幸い、何が起きたかについては、ほぼ共通認識が出来あがっている。でも、最終的にだれを責めたらいいのかについては意見がまとまっていないようだ。

短くまとめると、危機の何年もまえから、商業銀行と住宅ローン専門業者が、カネを借りるべきでない人たちにカネを貸しすぎた、ということだ。その舞台は主にアメリカとイギリスで、ほとんどは住宅ローンだった。それが長い間続いていた。手軽に借金できるため住宅価格は上がり、多くの人は実際より金持ちになった気がしていた。それに、商業銀行や住宅ローン専門業者は貸し倒れのリスクをあまり心配する必要もなかった。彼らは住宅ローンを投資銀行に売りつければよかったし、投資銀行がそれを小分けにし、包装《リパッケージ》し直して複雑な金融商品を作ってくれた。年金基金その他の投資家は、そうした商品を喜んで買い入れた。中央銀行が金利を低く抑えていたため、こうした新しい商品のほうがリターンが良かったからだ。リスクをヘッジするために、年金基金やほかの投資家は保険最大手のＡＩＧからこうした商品への保険を買っていた。ＡＩＧは格付け機関のつけたトリプルＡのレーティングを信じていた。

時間が経つと、こうした商品はますます複雑で〝斬新《エキゾチック》〟になっていったけれど、トリプルＡのレーティングは変わらなかった。一方で、銀行もこうした複雑な商品を自分たちのバランスシートに載せていた。その多くは、わざと複雑に仕組まれた〝ビークル〟と呼ばれる投資法人に隠され、海外のタックスヘイブンに置かれていた。監査法人はそれを見逃していたのか、問題ないと思っていたか、見て見ぬふりをしているかだったし、規制当局も政治家もそうだった。

２００７年に、イギリス首相だった労働党のゴードン・ブラウンは、ロンドン市長公邸《マンションハウス》で、集まったバンカーやファンドマネジャーをこう褒めたたえた。「イギリスの金融サービス界と、その中心であるロンドンは、高度な技能と付加価値と才能によって成長する産業の象徴であり、わが国がグローバル競争をどう勝ち抜くかのお手本とも言えます。イギリスは、みなさんが示してくださった活力と才能と高い志を、もっと必要としています」

このスピーチのときにはすでに、特にアメリカにおいて、膨大な数の住宅購入者が借金を返せそうにない兆候が見えていた。彼らの住宅ローンが組み込まれた金融商品は価値を失いはじめ、破たんして紙切れになりつつあった。投資家は莫大な損失を負ったが、銀行はこうした商品をしばらく保有し続けていた。銀行もまた、巨額の償却が必要だった。でも、その額はどう決める？　これらの商品の内容も価値も気が遠くなりそうなほど理解不能なものになっていたし、商品を入れていた海外タックスヘイブンの〝ビークル〟もまた、価値を計れなくなっていた。

資本余力《バッファー》は充分にあるのか？　リーマン・ブラザーズにはそれがなかった。破たんが発表されると、金融機関は、一斉にお互いにカネを貸さなくなった。いきなり、金融の世界は恐怖で固まってしまった。明日どうなってしまうんだろう？　次に死ぬのはだれだ？　グローバルな金融システムが、ドミノ倒しのように、数日で崩壊してもおかしくない――。これに対して、政府は財布の口を全開にし、中央銀行は金利を史上最低水準に下げたばかりか、前例のない量の新規資金を直接間接に供給した。このことで、金融システムを飲み込んだ不信の嵐は収まった。政治家と中央銀行は恐れ知らずの消防士のようなポーズをとった。彼らがシステムを〝救った〟のだ。

もちろん、あれほどの歴史的な金融危機と救済劇を語るには、これでは簡単すぎる。それでもこの簡易バージョンを聞くだけでも、どれほど多くの人や組織が関わっていたかがわかる。まず、身の程をはるかに超えた借金をしてしまった消費者。彼らの多くは自分の懐具合をごまかしたり、嘘をついたりして、カネを借りていた。借り手をだましたり、わざと甘いことを言ったりして、人々にカネを借りさせていた住宅ローン業者。だれも実態のわからないほど複雑な商品にお墨付きを与えた信用格付け機関や監査法人。充分な引当も積まずに、こうした商品を保証した巨大保険会社のＡＩＧ。そして、より複雑な商品を求め続け、よりよいリターンを追いかけながらトリプルＡの商品しか認めなかった、年金基金その他の投資家。

責められるべき人たちのリストは、実際にははるかに長いけれど、すでに2つのことは明らかだ。まず、〝投資銀行の人たち〟だけに責任があるわけではないこと。次に、銀行やいわゆる〝金融〟で働くほとんどの人は、今回の危機にまったく関係がないことだ。

商業銀行で働く人のほとんどは、決済業務をしたり、石油掘削設備の資金調達をしたり、子供のための新しい貯蓄サービスを考えたりして、毎日を過ごしている。会計士のほとんどは、電力会社やハイテク企業や政府機関の財務を監査し、信用格付け機関で働く人の大多数は、金融商品とまったく関係ない国家や企業の財務の健全性を調査している。株式市場に関わる人たちはみんな、2008年の暴落の原因とはほど遠い場所にいた。中東や南アフリカで新規上場案件を手掛ける人たちも同じだ。ほかの分野もそうで、あのコベント・ガーデンのレストランでフォアグラをがっついていた、データ管理サービスのセールスマンもそのひとりだったというわけだ。

⁂

あの金融危機に直接関係していた人がどれほど少ないかを理解しはじめた僕は、ほっとしたような気分になった。少なくとも、あれは業界全体の巨大な陰謀じゃないってことがわかったからだ。金融機関の広報担当者たちが、これほどの規模の大惨事が起きるとはだれにもわからなかったと言い張るのは、もっともだ。政治家も、役人も、一流大学の有名エコノミストも予想できなかった。それに、金融機関の広報担当者はこう言うはずだ。自分の会社をわざと破たんさせようなんて人間がどこにいるのでしょう？　２００８年の暴落は、パーフェクト・ストーム、というよりむしろブラックスワンです。万にひとつの、文字通り予見できない出来事なんです。あれ以来、破たんした金融商品からはリスク要素が取り除かれ、追加の規制や保護措置が山のように施行され、金融機関は組織改革に必死に取り組んでいます。だから……そろそろ「金融叩き」なんてやめたらどうでしょう？

完璧な着こなしのバンカーや、広報のプロがこう言うと、確かにもっともらしく聞こえる。でも、よく考えてみよう。だって、業界のだれも、ああした複雑な金融商品がどれほど危険か気づかなかったなら、そっちのほうがよっぽど心配じゃないか？「いや、本当にまったく知らなかった」とみんなが言うたびに僕は、バスの中でうたた寝から目覚めたときに、運転手から「実は道路に突然ぱっくりと口を開けた溝が現れて、すんでのところでよけたんだ」と聞かされたような気分になった。何も知らずに、何もできないまま後ろの席に座ってたなんて、最悪じゃないか。「おっと、失礼、いや、だれもあんなところに穴があるなんて知らなかったんだ」なんて運転手に言われようものなら、もっと不安になるはずだ。

すると、こんな考えが頭に浮かぶ。ほかに気づいてない穴がどこにあるのか？

投資銀行とメガバンクの投資銀行部門が、金融危機に中心的な役割を果たしていたのは間違いない。それに、投資銀行が「ごめんなさい」をして、改善を約束したのも、初めてじゃない。90年代後半のいわゆるドットコムバブルの間、投資銀行はまったく価値のないテクノロジー企業を持ち上げ、投資家や金融メディアに推奨する一方で、こうした企業を上場させて、目の玉が飛び出そうな手数料を受け取っていた。世紀末にインターネットバブルがはじけたとき、およそ4兆ドルが消失したと言われている。この打撃を和らげるために、中央銀行はさらに金利を引き下げ、カネあまりが起き、それが住宅バブルにつながった。

だから僕は、まず投資銀行を深掘りしてみることに決めた。

3

ネイティブになる

やっと業界の全体像を把握し、金融危機の原因をつかんだところで、僕の〝無知〟の段階は終わった。次は、心理学者っぽく言うと〝否認〟の段階に入ろうとしていた。金融業界はいつも同じ潜在メッセージを送っているみたいだった。もうご安心ください。……なにもかも正常に戻っています。……投資銀行に任せておけば安心ですよ。……

世界的な投資銀行のオフィスに入ったのは、ほんの数回しかなかった。いつもエイリアンの宇宙船に乗り込むような気がする。中央ロビーは清潔で、5つ星ホテルのトイレみたいにピカピカだ。エレベーターは静かで、驚くほど高速で、社員を上階の洒落たオフィスに連れて行ってくれる。すごく自信ありげな警備員があたりを見張り、礼儀正しい内勤の人たちが効率よく仕事をこなしている。分厚いガラスの壁は外界のすべての音を遮断している。大理石のインテリアは冷気を発散している。最上階からの眺めは、文字通り世界の頂上に立ったような気にさせてくれ、そこへ行くまでに通りすぎるすべての社員も、エレベーターで会う人たちもみんな、わざと目を伏せている。みんな意識が高くて、急ぐ気持ちを抑えるような、なにか大切なことに心を奪われているような、そんなふうに見える。自分たちはこの仕事のプロなんだ。俺たちを問い詰めようなんて、いったい何様のつもりだ？　そう思ってるようだ。

ある投資銀行のヴァイスプレジデントを初めて取材したときのことだ。僕は一張羅のスーツを着て、とりあえずヨレっとしてなさそうなネクタイでインタビューに臨んだ。相手のバンカーの年は30歳前だった！　投資銀行の肩書はこんな感じだ。22歳の新卒はアナリストとして出発して、アソシエートになり、クビにならないでそこに居続けられたら30歳かそこらでヴァイスプレジデントになる。4年か5年たつとディレクターか、シニア・ヴァイスプレジデントになって、そのあとがマネージング・ディレクター、MDってやつだ。MD以上でないと、本物の管理職とはいえない。まずは特定の部門または地域のヘッドになって、その上になると肩書にCがつく。チーフなんとかってやつだ。チーフの中のチーフが、CEO、つまり最高経営責任者だ。

これが投資銀行のピラミッドで、時にはよくわからない大げさな肩書のバーゲンセールになっていることもある。2012年の春、グレッグ・スミスという人物が、ニューヨーク・タイムズの意見欄にこんな記事を投稿した。「僕がゴールドマン・サックスを辞めた理由」スミスの最終的な肩書は、エグゼクティブ・ディレクターだった。ゴールドマンではヴァイスプレジデントをこう呼ぶ。この記事には、世界中のコラムニストが、トップバンカーがクライアントの資金濫用と利益軽視について包み隠さず打ち明けた、と大喜びした。スミスの告発は確かにショッキングだった（それについてはまた後でさらに書く）。でも、スミスはトップバンカーじゃない。〝エグゼクティブ・ディレクター〟なんて、ゴールドマンには何千人もいる。

僕が投資銀行の構造と文化を理解するのには、何か月もかかった。いちばん驚いたのは、経済学者がまったく役に立たなかったことだ。だって、経済学者といえばその道のプロで、金融の世界に光を当ててくれるものだと思っていた。でも経済学者は現場に出ない。人類学者はある部族の言語や行動を学ぶために、その地域に入り込んで何か月も、時には何年も過ごし、体系的に相手を観察する。経済学者は違う。ロンドン・スクール・オブ・エコノミクスの元学長ハワード・デイビスは、著書『金融危機——その責任はだれにあるか』（The Financial Crisis）の中で、何気なくこう認めている。「現実のトレーディングフロアについての研究は存在しない」と。

ロンドンのインベストメント・バンカーの一日がどんなものかを知る手がかりとして、僕はまず匿名ブログを読むところから始めた。本物のバンカーかどうか、信用できるのかどうかはなんとも言えない。元シティのバンカーが書いた自伝の類も読んでみた。リーマンショックを語った本はひとつのジャンルになっていて、タイトルを見ると、セックスとドラッグとはちゃめちゃな行動が書かれていそうな感じのものばかりだった。『どんちゃん騒ぎのトレーダー——シティのカネ、コカイン、腐敗の物語』(Binge Trading)、『不祥事——シティでの僕のやりすぎ』(Gross Misconduct)、『シティ女子の告白——ピンストライプを着た悪魔』(Confessions of a City Girl)。バーバラ・スチェバッチェフの本は、ストリップクラブから始まる。石川哲也の『信用危機を引き起こす方法——僕のやりすぎの物語』(How I Caused the Credit Crunch)でも、ストリップクラブがたくさん出てくる。このジャンルの本でいちばん有名なのが、ジェレイント・アンダーソンが書いた『シティボーイ——スクエアマイルでのビールと愚痴』(Cityboy)だ。この半分架空の自伝で、彼は200ページにわたって、酒を飲み、コカインを吸い、ストリッパーを眺め、売春婦を追いかけ、そのうえ二日酔いを愚痴っている。娯楽としては面白い。それに本は飛ぶように売れた。アンダーソンによると、25万部らしい。でも、こうした本の登場人物と、僕の会ったインベストメント・バンカーは、天と地ほども違っていた。

いちばんはじめにインタビューに応じてくれたインベストメント・バンカーから始めよう。40代はじめの、地味で上品な服装をしたマネージング・ディレクターは、待ち合わせ時間のタイムゾーンまできっちりと指定してきた(「イギリス時間の午後1時」)。彼はその朝、ニューヨークから戻ることになっていたからだ。もう15年ほどM&Aを担当していて、クライアント企業の買収と部分売却を請け負っている。クライアントはどこもグローバル企業だ。普通の一日はどんな時間割になっているんですかと聞くと、一言で返事が返ってきた。ミーティング。買い手になってくれそうな企業、身売りしそうな企業、部分売却の売り手または買い手、弁護士、会計士、大きな案件に関わるそのほかの金融サービス提供者などとのミーティングだ。もちろん、社内のミーティングもある。「MDになると、エグゼクティブ用の社内レストランでほかのMDとランチができる。社内の経営陣と最近の動向を話し合ったり、これからのトレンドを把握したりするのにいい機会なんだ」そのほかの時間はクライアントに会うために世界中を飛び回ったり、クライアントをロンドンに招いて、たとえばウィンブルドンで接待したりする。「もちろんビジネスのことを話したりもする。いずれにしろ、ウィンブルドンはいい場所だからね」

こんな感じだ、と説明してくれた。それぞれ担当地域があって、その地域の会社を担当する。クライアントには、何年も何年も、その業界内での戦略や事業展開についてアドバイスし続ける。無料でね。でもその中の一社が大きな案件をやると決めたら、自分がアドバイザーになって、かなりの助言手数料《フィー》をもらう。するとボーナスが入る。案件がない年は、フィーが入らないから、それなりの金額の基本給だけになる。でも、いい年にはフィーがたくさん入るから、分け前も多くなる。

いい年には、あなたのようなMDだと100万ポンドを超える報酬があるって本当ですか？

彼はほほ笑んだ。「おカネは大切だが、バンカーとして認められるほうがもっと重要だ。私は派手な人間じゃないし、もう11年も同じ車に乗っている。ボーナスは、私がいい仕事をしたってことをだれかが認めてくれたしるしなんだ」外の人はバンカーをちょっと勘違いしてる、と彼は言った。「ほとんどのMDは、家庭とのバランスをとりながら仕事をしている。会社で健康診断もあるしジムの費用も払ってもらえるし、食事や睡眠についての助言や、ストレスとの付き合い方なんかも教えてもらえるし、子供や家族やベビーシッターなんかについても相談できる」

確かに、アドレナリンが湧き出るような仕事だし、それがこの仕事を好きな理由のひとつだとも言っていた。

タブーについて訊ねてみた。少し親しげに、金融機関の破たんの話題なんて厳禁ですよね、と聞いてみた。すると、なんの迷いも笑顔もなくこう返事が返ってきた。「いや。秘密を漏らすことと嘘をつくことだ。私はクライアントのために交渉する。もし誠実さを疑われたら、おしまいだ」クライアントは優れた財務分析と助言を求めているし、細かいことへの注意が非常に大切になる、と続けた。結局、正しい判断力に行きつくんだ。「あるクライアントが、インド市場での今後の計画を教えてくれたとする。その情報がすごく価値を持つような別のクライアントに、それを少しでも教えていいのか？　そういう判断力が問われるんだ」

ですが、金融機関が破滅につながるようなリスクを取ることについては、どう思われますか？　彼は咳払いをして、少し恐縮したような様子を見せた。「私の仕事は、融資をしたり、資金を調達したりすることじゃないんだ。M&Aのアドバイザーだから。損失を出すことはない。最悪の場合でも、フィーが入らないだけだ。私が与えられる損失といえば、会社の評判を落としてしまうことだけだ。ここではそれが究極のタブーになる」

僕が話を聞いたバンカーたちは、本当に普通で、すごく人間的だった。語り口は知的で、巷で聞くようなモンスターとはかけ離れていた。こういう現実の一面を乗り越えて、シティに深刻な機能不全があることを理解するまでに、長い時間、おそらく数か月がかかった。

〝ロックンロール・トレーダー〟と僕が名付けた人がいる。彼は30歳過ぎで、有名な投資銀行に10年近く勤め、クライアントのために金融商品を売買していた。肩書はディレクターだ。

「トレーディングは基本的に2つにひとつ、黒か白しかない。今日カネを儲けたか、儲けなかったかの、どちらかだ。でもそこに惹きつけられる。カネも女もギターもなしのロックンロール。トレーディングなら、若くても実力を証明できる。22歳の若造が、すぐに成功できるんだ。25歳で100万ポンド貰ってるやつもいる。みんながそうってわけじゃないけど、中にはそんなやつもいるし、ほかの仕事とはそこが大違いなんだ」

僕たちは、地下鉄バンク駅近くのロンバード・ワンというレストランで、夕方の早い時間に待ち合わせた。シティの人たちに人気の店で、ビール1杯が4ポンドもする。そのトレーダーは貧しいアジア系移民の家に育ったけれど、数学の才能のおかげで奨学金をもらって上流階級の学校に通い、一流大学に入った。小学校の同級生のほとんどは無職か、警備のような低賃金の仕事に就いている。同級生全員の収入を合わせても、おそらく彼の収入には届かないだろう。「金持ちの出じゃないと、カネが大切だって若いときに気づくんだ」そう淡々と言った。

金融危機の話題を持ち出すと、彼は頭を振った。「世間は金融の人間にわけもなく怒ってるみたいだね。あのブログのコメントをざっと読んだけど、金融危機が来るのを業界の人間がみんな知ってたみたいに思ってる人ばかりで、びっくりしたよ。でも、ゴールドマンか、たぶんドイチェを抜きにすれば、だれにもわからなかったはずだ」とはいえゴールドマンやドイチェのみんなが知っていたという意味じゃない。「僕だってあの金融危機には腹が立ってるんだ。破たんした投資銀行のCEOが4000万ドルも手にしてるなんて……僕もいくつかの投資銀行の株を持ってたし、全部ゼロになっちゃったからね」

だれかがドーピングしたり、ひとりのフットボール選手が事件を起こしたからって、スポーツマンがみんな腐ってるわけじゃない。同じトレーダーでもかなりの違いがある、と彼は続けた。株をやってるか、原油やコーヒーや穀物といったコモディティをやってるか、通貨をやってるか、債券をやってるか、金利商品をやってるか、もっと複雑な仕組み商品をやってるかでかなり違うという。

株のトレーダー、業界では〝エクイティ〟と呼ぶが、その中でもセクターが分かれているらしい。石油やガスをやってる人間もいれば、通信もいれば、金融もいる。

外の人間には一度じゃ憶えられないな、と僕が言うと、まだあるんだと彼は続けた。「会社の自己資本で取引するプロップトレーダーがいる。僕みたいに、クライアントのカネで取引するフロートトレーダーもいる。それもまったく違う」フロートトレーダーはみんな、プロップトレーダーになりたがっている。トレーダーになれば、社内政治にも、セールスにも、クライアントにも干渉されない。プロップ死に絶えつつあるのが残念だと彼は言っていた。規制当局は、銀行が自己資本を使ってリスクを取るのを嫌がるからだと言う。

僕はまたビールを注文した。「あと、外の人は『自分にもできる』と思ってるみたいだね。でも僕は新人に、仕事を続けてる限り、毎日一定量のリスクを取ることに慣れなくちゃいけないって教えてる。眠ってるときも、食べてるときも、仕事のことばかり考えてるようになる。朝起きたときからずっと、一日中頭を離れなくなる。それって、精神的に結構きついよ」

いつもどんな一日か教えてもらえるかな、とビールが来たときに聞いてみた。

「一日のはじめに、市場がどうなるか自分なりに予想する。それをもとに、ポジションを取る（株や債券や通貨やコモディティなどを、ある価格で買うか売る）。そのポジションを買いたいクライアントからの電話や、セールス（ブローカー）からの電話を待つ。僕たちは売買手数料をもらい、運が良ければ自分が買った値段とクライアントに売った値段の差も利益になる」

もちろん今の説明は、わざと単純にしてるんだと強調した。そのまえに、トレーディングがはっきりと白黒に分かれると言ったのも、単純に説明しただけだ。「実際はグレーもある。どのセクターをトレードするか、たとえば石油・ガスセクターか、金融セクターかを決めるときには、社内政治が関わってくる。あきらかにクライアントの売買金額が多いセクターがあるからね」

トレーディングフロアの中での嫉妬もある。「もちろんだよ。すごくいい年のあとには、『あのセクターは儲けやすいから』なんて陰口を叩かれる」最悪なのは、全員が儲けていて、なぜか自分だけが儲けていないときだ。「だれでも不調の時期がある。スポーツ選手と同じさ。気持ちを強く持って、自分に『大丈夫、できる』って言えないとだめなんだ。みんな負けるのが怖いんだよ」

でも、どうしたら勝てるんだい？「直観。メッシのボールさばきみたいなものかな。〝持ってる〟トレーダーに、市場はどっちに行くと思うかを聞くだろ？そいつらが『上がる』っていうと、本当に上がるんだ。びっくりするよ」

トレーダーを、ギャンブラーに毛の生えたようなものだとしか思わない人がいることも、彼はしぶしぶ認めていた。僕のノートに2ページも数学の公式とギリシャ文字を書き込んで、彼は仕事の数学的な根拠を説明してくれた。トレーディングフロアのことを話し出したとたん、またすごく生き生きしだした。「スクリーンが2つ、目の前にある。右の席のやつも、左の席のやつも、僕のしてることをはっきり理解してる。みんな望みは同じなんだ。トレーディングフロアに出て、カネを稼ぐこと」遊び場だと思えばいい、と笑いながら言った。「体つきとか、髪とか、出身大学をからかわれることも多い。連帯感の表れなんだ。僕は白人の学校で少数派だったし、経歴についてからかわれるのがうれしいくらいだ」

彼は純粋に楽しそうで、うきうきしているように見えた。「トレーディングフロアを見せてあげたいな。プライバシーなんてゼロで、他人の電話にだって聞き耳立てている。トイレはいつもぐちゃぐちゃだし。どうしてかな？　トレーディングフロアのやつらは動物みたいだからかな？　でもそんな感じなんだ。僕も仲間に入れてうれしいし、あのエネルギーと騒々しさが好きだ。オペラみたいで」

＊＊＊

何人ものインベストメント・バンカーに会うにつれ、ひとつの旗のもとにたくさんの島が複雑に重なり合って投資銀行ができているのだということを、僕は学んでいった。メールに書かれた肩書がそれを物語っていた。〝マネージング・ディレクター、エクイティ・キャピタル・マーケッツ、北米石油ガス〟、〝M&A、テレコム、欧州中東アフリカ（ディレクター）〟、〝ヴァイスプレジデント、エクイティ・デリバティブズ・ストラクチャー、欧州〟。最初はその肩書がなにかの暗号みたいに見えたけど、実は巨大な金融機関の中でその人がどこにいるかを示すものだとわかった。階級、部門、業界、地域を並べているだけだ。

トレーダーとその担当セクター、M&Aのアドバイザー、IPOかコーポレート・ファイナンス、資産運用のプロ……金融危機の責任について聞かれたら、その全員がシティのほかの人たちと同じように、こう言うだろう。「自分のせいじゃない」と。複雑な金融商品を開発する〝ストラクチャー〟の人たちのほとんどだってそう言うはずだ。投資銀行にはそんな金融商品が星の数ほどあって、2008年に粉々に破裂したのはその一部だ。

投資銀行はバカでかくなり、その内部にサブカルチャーが生まれ、サブカルチャーの中にさらにサブカルチャーができている。トレーディングには独特のカルチャーがあり、その中にフロー・トレーディングがあり、フロー・トレーディングの中にコモディティのフロー・トレーディングがある。それぞれの市場に独特の符号や言い回しや決まりごとがあり、決まった買い手と売り手がいて、独特な内部の力学と外部の圧力が存在する。小麦には小麦の、豚肉には豚肉の、銀のような〝安全〟な貴金属には貴金属の、独自の文化があり、トレーダーにとってはそれが重要になる。金《きん》取引には天候は影響しないし、収穫不足に悩まされることはない。原油価格が選挙に影響することはあるけれど、コーヒー価格で選挙が左右されることはない。

クオンツについて考えてみよう（クオンツとは、定量分析の略語で、金融システムの屋台骨になるような複雑な金融モデルを設計して走らせてる人たちだ）。クオンツには独自の身分があって、社内の階級や肩書や仕事の中身や上下関係にかかわらず、その身分が適用されているようだ。「ある意味で、UBSのクオンツは、同じ社内で隣に座ってる非クオンツの同僚より、JPモルガンのクオンツとのほうが通じ合えると思う」と言ったのは、社内でかなり高い地位に登っていたクオンツのひとりだ。

クオンツはたいてい数学や理論物理学や化学の博士号を持っていて、言い訳のように「自分はクオンツなんで」と言う人が多い。そう言えば充分でしょって思ってるみたいに。〝オタク言葉〟を話し、自分だけが聖典に近づける司祭で、自分だけが宇宙の秘密を知っているような態度でふるまうこともある。クオンツ以外の人は、クオンツをバカにするような話し方をする。「ああ、それはクオンツにやらせときゃいいよ」というふうに。

クオンツとクオンツ以外の人たちはお互いを無視し合ってるだけだが、トレーダーとM&Aのアドバイザーは敵対心むき出しで、因縁のサッカーチームの対決みたいな感じだ。はじめのうち、僕のブログに登場した人のほとんどは、アドバイザーだった。それは、トレーダーより、アドバイザー側にいる人間のほうが「ガーディアンのような一流紙を読んでるから」だと、ある偉いアドバイザーが言っていた。僕がそれをトレーダーに話すと、彼は吹き出した。「アドバイザーがインタビューに応じるのは、やつらが暇でしょうがないからだよ。景気が悪くてやることがないんだ。M&Aなんてないからね」

アドバイザーはトレーダーを「ストリートファイター」と呼び、トレーダーはアドバイザーを「オフィススペースの無駄」で「保険のために雇われるだけ」だと言う。「たとえば、自分が大型のM&Aをやろうとしてる大企業のCEOだとするだろ。ゴールドマン・サックスを雇って大失敗に終わったとしよう。世界一の投資銀行を雇ってればだれにも責められない。安全ってわけ」

そのロックンロール・トレーダーは、吐き捨てるような感じでM&Aをこき下ろし、絶対にあそこで働きたくないと言った。「最初の数年は、価値のあることなんて何もできない。最悪なのは、一流のふりをしなくちゃならないってことだ。だって、アドバイザーが世界一賢くないと、クライアントはカネなんて払わないだろ？　それって営業の仕事だ。汚れ仕事なんだよ」

⁂

人類学者にもタブーはある。その一番目が偏見で、二番目はその正反対のことだ。先住民《ネイティブ》になること。パプアニューギニアのジャングルで何か月も過ごしていると、そのうちに人間の生贄がまっとうに思えてくる。調査員が調査対象になりきってしまうというのはよくあることで、僕のガーディアンのブログの副題は「金融の世界でネイティブになる」というものだったし、それはある意味で予見的だった。インベストメント・バンカーとのインタビューをブログにアップすると、コメント欄には必ず「変質者」とか「ギャンブル中毒」とか「寄生虫」なんて言葉が並んだ。特に「寄生虫」なんていう決めつけにバンカーは怒り狂い、僕はバンカーたちの言い分を聞いて、もっともだと思わずにいられなかった。

私たちが提供するサービスは、クライアントに役立ってるはずだし、そうでなければどうしてクライアントはカネを払うんだ？　金融業界は国庫に莫大な税金を納めているし、それが金融業界だけでなくレストランやホテルや空港や会議場やタクシー会社といった、ほかの産業でも膨大な雇用を生み出している。イギリスにほかに何ができる？　製造業はもうはるか昔に消えてなくなった。バンカーがいなくなったら、ロンドンはどうなる？　金融業界の資金援助がなかったら、世界に誇れる美術館や公園やサッカーチームをだれが維持するんだ？

資産運用の専門家は、こんな話をした。ブログの読者も年金を積み立ててるよね、違うかな？　ここに2種類の風力発電所があるとしよう。どっちの発電所に年金を投資すべきだろう？　どちらがきちんと運営されているか、どちらが新規の投資に値するか、だれかが調べなくちゃならない。僕たちがそれをやってるんだ。

ディールメーカーはこう話した。M&Aは数か国にまたがる法制度の影響を受ける。しかも、いろいろな分野の法律に対処しなくちゃならない。税法、環境法、労働法、独占禁止法、年金法……それを正しくやるのは、大仕事だ。トレーダーにもまた、言い分があった。だれかがクライアントの注文を市場で執行しなくちゃならない。じゃなきゃ、みんなの年金をどう投資できるんだ？

複雑な金融商品を開発する人たちもまた、しごくもっともな例を挙げて自分たちの仕事を説明してくれた。「アフリカの航空会社が翌年1月の航空券を売ってるとしよう。大量のチケットを安く売ったあとに、もし12月に原油価格が高騰したら、困ったことになる。だからその会社は1月になって今の価格より高く原油を買うことは避けたい。そういう人のために金融商品を開発して、1月に原油が値下がりするリスクに備えたい人たちを探すんだ。その両方を引き合わせられたら、お互いがリスクを〝ヘッジ〟できる。僕たちがもらう手数料はそのご褒美なんだ」

投資銀行のすべての部門にはそんな筋書きがあり、彼らの仕事は寄生虫やギャンブルとはほとんど関係ないように思える。時間の制限がある中で、ライバルと競争しながら、情報と分析を集め、選び、交換し、解釈し、伝えることが一日の仕事のほとんどを占める。そこにはあくどい行為なんて、何もない。

あるコーポレート・ファイナンスのMDは、彼の仕事は、カネを借りたい多国籍企業や大手金融と、カネの行き場を探している投資家を結びつける仲介役だと言っていた。「この人なら情報を教えてもいい、と思われるようにならないといけない。交渉力は大切だし、リスクを見極める能力もいる。リスク測定はだれかに頼むけれど、取捨選択するのは自分だ。相手が電話口で怒鳴りまくっていたとして、その人は本当に怒っていてぎりぎりに追い詰められているのか？　それとも交渉のための芝居なのか？」

意外にも、この仕事はゲームかパズルみたいなものだ、と言う人も多かった。もちろん、そのゲームやパズルを解くには分析力と知性と忍耐が必要だけど、人づきあいのうまさや信頼や秘密を守れることも、同じかそれ以上に重要だ。

20代後半の元セールストレーダーの女性はこう言っていた。「金融の世界は競争がすべてだと思われてるわよね。もちろん、競争はある。でもいちばん大切なのは協力なの」トレーダーは市場の出来事に集中する必要があるので、クライアントとは話さない。そのかわり、セールストレーダーがクライアントと話す。彼女は債券部門のセールストレーダーで、クライアントは大手の投資家だった。協力の例をできるだけ簡単に教えてほしいと頼むと、しばらく考えてひとつ教えてくれた。「クライアントがある会社の債券を持ってて、その会社が破たんしたとするわよね。簡単に言うと、この破たんした会社は私のクライアントにカネを借りっぱなしになってるってこと。ってことは、この社債は回収の見込みがなくて、クライアントはそれを売りたがってる。でもいくらで売ればいいんだろう？」

法廷で決着がつく問題だけど、裁判は時間がかかるしクライアントは今すぐに売りたがってる。「うちのトレーダーがクライアントに値段を教えて、クライアントがどうしてこの値段なのかって私に聞くでしょ。そしたら、私が裁判のこととか、そのプラスマイナスを説明する。つまり私は資料を読んで、読んで、読みまくるってわけ」

そこで協力とみんなのスキルが必要になる。「自分ひとりですべての資料を読んでもいいけど、だれかに助けてもらって、パパッと要約してもらったほうが早いでしょ」だから、社内のたくさんの人、特に調査部の人たちがすごく重要になる。

このセールストレーダーが寄生虫だとはとても思えないし、ギャンブル中毒にも怪物にも見えない。実際、多くのインベストメント・バンカーが自分自身と会社について、客観的で冷静な感覚を持ち、皮肉交じりに語っていた。

40代後半のセールストレーダーは、もうかなりの間、部下のボーナスを決める立場にいた。どんなふうにやるんですか？　そう聞くと、彼は大きな声で笑った。「部屋に集まって、名前と顧客リストをずらずら見ながら、『じゃ、こいつにいくらあげようか？』って話すだけだ」

その会議に混じった最初の年に、彼はひどいミスをしてしまった。「チームの部下のために闘って、正当なボーナスを勝ち取ってやるなんて思ってたんだ。大間違いだった。私がボーナス額を決めたら、経営陣がやってきて、一律に2割カットした。本社部門がさらに15パーセントを取った。次の年は、4割増しで申請したよ。そういうものなんだ。経営陣はボーナスをカットすれば自分たちが本社の利益を考えてるってアピールできるし、おそらくトップにもっと取り分を残すことにもなる。本社は株主に対して、同じように体面を考えてる」

ボーナスの取り合いはどの階層でも年中行事になっている。「アピール合戦が始まるのは9月から10月。みんな旗を掲げて上司に振って見せるんだ。『今年こんなに頑張ったのを見てください』『すごく儲けた仕事、憶えてます？　僕の手柄ですから』大きな案件が発表されると、みんな自分の手柄にしたがる。一方で、経営陣は押し返す。今年はあんまりよくないってね。景気だったり、会社全体だったり、部門だったり……どこかしらよくないところがあって、『足を引っ張っている』ってことになる。そうやって期待値を下げようとしてるんだ」

そして、ボーナスの日、つまりごほうびの日《コンプ》がやってくる。だれも自分のボーナス額を明かしちゃいけないことになっていて、会社によってはそれが重大な規則違反で解雇理由になることもある。社員は、ガラスの角部屋でひとりずつ自分の「数字」を言い渡される。だから、外から全員がドラマを見ることになる。「みんな、言い渡された金額よりも、自分はずっとずっと多くもらうべきだと上司にアピールする。同僚がテーブルにこぶしを振り下ろしてて、上司が表情も変えずに、たぶん『君も充分だってわかってるはずだ』なんて言ってるのがまる見えなんだ」

さっきのセールストレーダーのような人とインタビューしたあと、よくこう考えている自分に気づいた。もし同じ会社で働いてたら、きっと友達になっていただろうな。人類学者はそんなふうに考えるべきではないのはわかっている。でも、一部のバンカーの仕事はジャーナリストの仕事とそっくりで、より親近感が湧いた。たとえば、10年以上も大手投資銀行で調査アナリストをしている男性に会った。肩書はディレクターだ。彼は特定の業界の企業群をつぶさに調査し、その分析と推奨を大手投資家に送っていた。売り、買い、ホールド、中立。金融ニュースで「アナリストはこれこれの業績に失望の反応を示した」なんて言う場合は、この調査アナリストのことを指している。彼が受け取った昨年のボーナス額にちなんで、この調査アナリストを〝ミリオンダラー氏〟と呼ぶことにする。

「私の仕事はジャーナリストにすごく似ている」ミリオンダラー氏はそうメールに書いてきた。僕と夕方に会ったとき、彼はこう付け加えた。「物書きの人たちが愚痴ってるのを聞くとだいたい、深く調査するためのリソースがなかったり、給料が安かったり、読者が関心を持ってくれないってことなんだ」私と違ってね、と彼はにやりとした。彼は7社か8社の企業を隅から隅まで徹底的に調査できて、2000人近くの投資家が彼の分析を受け取り、たいていは読んでくれる。そのレポートに大金を払っているからだ。

僕たちはもう一杯お代わりした。彼は40歳前後のがっちりした男性で、政治的には「かなり左寄り」だと言っていた。ビールをぐいとひっかけて、こう言った。ブログの中で僕は「何かを納得いくまで調査して、ほかの人にそれを理解してもらえるようにする。調査アナリストの仕事はまさにそれなんだ。ただし、君の場合はそのトピックについて何も知らない人に向けて書いてるけど、私の場合は自分と同じくらい詳しい人に向けて書いている」

僕は例を挙げてもらえませんかと訊ね、彼は単純化して話すけど、と言い添えた。「たとえば、君がグローバルな製鉄業界の調査アナリストで、君を知ってるだれかが、XYZ会社のイタリアの退職年金債務の動向を見ておくといい、と情報をくれたとしよう。そこでイタリアに行って、数週間かけて関係する法律を掘り下げて調べる。労働組合、法律の専門家、会社の経営陣と話をする。すると、なんらかの隠れた規則のおかげで、その製鉄会社は予想外に年金の支払いが大幅に減ることがわかる。その会社の株を買いそうなクライアントに、調査レポートを送る。その隠れた規則がだんだん知られるようになると、株価が上がる。退職年金債務が減れば、企業価値が上がるからね。クライアントは持ち株を売り、利益を得る」

最後の部分を除けば、それは調査報道とすごく似ている。「朝がすごく早いのがつらいけど」とミリオンダラー氏は言った。「でも、この仕事が大好きだし、深刻になりすぎないように注意してる。仕事はすごく面白くて、ちょっとスロットマシーン的な興奮がある。自分の言うことが市場で証明されると、その場で満足が得られるからね」

***

実際、僕は取材相手のインベストメント・バンカーたちとたくさんの共通点があった。シティはまれに見るほど国際色が豊かで、バンカーのおよそ4割はイギリス以外の出身だと言われる。彼らも僕と同じ、外の人間だった。それに、イギリス人でもそうでなくても、いろいろと似ているところが多かった。みな同じような大学で教育を受け、学生時代か仕事を始めてから、かなりの時間を外国で過ごしていた。母国語以外の言語を話し、同じような映画を見て、同じような本を読み、同じような音楽を聴いて、同じような新聞や雑誌を読み、同じような休日の過ごし方をしていた。

要するに、彼らのほうが収入がすごく多いってだけで、僕たちは同じ社会文化階層に属していた。ロンドンで友達が増えるにつれて、僕だけがそう思ってるわけじゃないことがはっきりしてきた。イギリス人のジャーナリストの多くは、配偶者や家族や友達がシティで働いていた。ジャーナリストの多くは、オックスフォードかケンブリッジかロンドン・スクール・オブ・エコノミクスを卒業していたし、そこは投資銀行の主な採用場所だった。

僕はネイティブになれる。投資銀行は本当に過去を清算しようとしている。ボーナスに関しては確かにどうにかしたほうがいいけど、それを除けば……インベストメント・バンカーはみんなまともな人たちだし、だったら組織だってまともなはずだ。アホなやつはどこにでもいるし、あれほど巨大な組織なら、たまに何かがうまくいかなくて事件が起きても仕方ない。金融危機については、福島の津波を予知できた人間がどれだけいたのか、というのと同じだ。

ラッキーなことに、インベストメント・バンカーとのインタビューブログには、思ってもみなかった方面からの反応があった。そして彼らはまったく違うストーリーを語ってくれた。

4

他人のカネ

はじめの一連のインタビューでは、僕は自分が何を探しているのかよくわかっていなかった。質問への答えを探す場所として、投資銀行はややこしすぎた。謎が多かった。どんな質問をだれにしたらいいのか？　次の危機や次のスキャンダルがどんなふうに起きるかなんて、だれも説明してくれるはずはなかった。そんな説明ができる人がいたとしても、そもそもインタビューさせてもらえないし、自分から名乗り出るわけがない。

とはいえ、投資銀行のバックオフィスやミドルオフィスで働く人たちからもメールが次々と舞い込みはじめた。バンカーが自発的にインタビューに名乗り出てくれる場合、特に男性はみんな自信満々で、なにかいいことをしてあげている、という雰囲気だった。

「君のプロジェクトは面白いね。匿名を保証してくれるなら、会ってあげよう」ってな感じだ。バックオフィスやミドルオフィスの社員のトーンは違った。「本物のバンカーの取材ですごくお忙しいでしょうね。でも、私のような立場の話でよければ、だいたい夜はあいています」

トレーディングフロアのサポート部門に勤めて5年になる男性は、こんなメールを書いてきた。「ブログではこれまで、トレーダーやM＆Aバンカーの話しか取り上げていませんよね。メディアに出る90パーセントはああいう人たちですが、実際には金融コミュニティ全体の5パーセントもいません。忘れられた95パーセントの代弁者がいてもいいのではないでしょうか」

実際に会ってみると、もうひとつの違いが浮かび上がった。バックオフィスやミドルオフィスのスタッフはバンカーよりもはるかに給料が安く、高価な洋服も時計も電話もペンも持っていない。彼らはクライアントの前に出ないし、外見でだれかを感心させせなくてもいい。

カナリーワーフの会社の近くで、僕は投資銀行に勤めるITスタッフの女性と昼ごはんを食べた。髪は短く、サポートスタッフらしい、スマートカジュアルの服装だった。彼女はベジタリアンピザと水を注文したけれど、緊張しているのが一目瞭然だった。もし同僚に見られたら？　彼女がこの仕事に就いたことを食事中に家族に言うと、シーンとして重苦しい雰囲気になったらしい。お姉さんは、彼女が「バンカーの仲間になった」と責めた。でも彼女の仕事は金融に限られたものじゃない。彼女はトレーディングフロアでデータ入力の自動化プロセスを開発していた。つまり、手作業をコンピュータに置き換える仕事だ。「ある意味で、人減らしにもつながるわね」と肩をすくめた。「金融機関はつねにその方向に向かいたがるの。新しく上司になった人は、自分がコスト削減ができることを証明しなくちゃならないから」

トレーダーたちは、彼女のしゃべる北部の労働者階級の訛りをいつもからかって面白がっていた。彼女は、そういう人間を「お坊ちゃま」と呼んでいた。全部ただの冗談とはいえ、「やっぱり世界が違うって感じた。彼らの世界と私の世界は」。あるトレーダーが、彼女にカネの無心にやってきたことがあった。そのトレーダーは学費や住宅ローンやその他もろもろの費用を払ったあとで、自由に使えるおカネがあまり残っていなかった。最低賃金しかもらえなくて、その中から生活費を払ってる普通の人をどう思うかと、彼女はそのトレーダーに聞いてみた。「彼はすごく困って、普通の人は最低賃金の中で生活費を工面してるなんてことを、今まで考えたことなかったって答えた。だれでも好きに使えるおカネがあるわけじゃないってことに気づかなかったのね」

少し間があった。「職場で隣に座ってる女の子は息子がいるけど、ほとんど会えないの。すごく朝早く出社して夜遅く帰って、ベビーシッターが子供の面倒を見てる。おカネは愛情の代わりにはならないわ」

彼女の基本給は8万ポンド程度で、ボーナスはいい年で10パーセントほどだと言う。でも近所の友達には言えない。「なんだか後ろめたいの」と静かに言った。「だって、そんなに特別な仕事じゃないから」ロンドンじゃなかったらはるかに低い給料だろう。「家賃がありえないでしょ」彼女は毎日片道3時間ずつかけて通勤している。「たくさん本が読めるわ」夫は「普通の手作業の仕事」に就いている。贅沢をせず、使わないおカネは貯金に回す。「そうすれば、辞めたいときにいつでも辞めて、元の生活に戻れるわ。子供を産んで、成長を見守ることができる。自由になれる」

僕が会ったもうひとりのバックオフィスの人は、メガバンクの業務責任者だった。彼女の仕事は400人強のエクイティトレーダー、つまり株式トレーダーがいるフロアの業務を管理することだった。トレーダーがおカネを儲けやすい環境にすることが彼女の仕事で、組織のスリム化もそのひとつだと言っていた。何にいちばんやりがいを感じるかと聞くと、「だれかが『ああ、これで仕事が楽になった』と言ってくれること」だと答えた。両親に自分の仕事を説明するのは不可能だし、彼女がどれほど仕事が好きかは、わかってもらえない。彼女の子供たちは小さいとき、母親である彼女を銀行の窓口業務を行うテラーだと思っていた。「ポリエステルの上着を着てる人。銀行勤めっていうと、そういう人を想像してたんですね」

この手の仕事は、一日でできるようにはならないと言う。「だれが嘘をついているか、過去に何があったか、いつ失敗したかを知る必要があるんです。そのためには尊敬されなくてはなりません。尊敬されていれば、失敗があるときに教えてもらえますから。でもそうなるまでに時間がかかるんです。前任者から渡してもらえるものじゃありませんから」

メガバンクへの就職が決まったのは20年前の海外旅行中で、「とにかく下っ端の下っ端みたいな仕事」だった。彼女は自力で昇進し、今では「20万ポンド近い給料とボーナスをもらってます。ボーナスは年によって変わりますけど、だいたい5万から15万ポンドの間くらいです」悪い年にはボーナスゼロもありうると強調していた。

「もっと多くの人がいい収入を得られればいいと思います。だから選挙でもそういう人に入れるし、ガーディアンを読んでるんです」そう締めくくった。

この人たちの世界は、そのまえに会った人たちとは違っていた。図で表すなら、投資銀行は3層、もしくは3つの身分に分かれているようだった。いちばん上の層には、注目を浴びて、巨額のボーナスを受け取る少数の人たちがいる。フロントオフィスの人たちで、いわゆる〝バンカー〟と呼ばれる集団だ。それを支えているのがいちばん下の層で、そこには法務や経理、IT、人事、広報、24時間365日稼働しているデザイン部門、そしてもちろん、取引をサポートする大勢の人たち、たとえばクライアントへの送迎の車を手配することから、社内外の監査報告から規制当局対応まで、さまざまな人がそこにいる。

こうしたサポート機能をひとまとめにして、バックオフィスと呼ぶ。すると真ん中の層が残る。ミドルオフィス、すなわち〝リスクとコンプライアンス〟に関わる人たちだ。彼らは内部の管理統制を担当している。コンプライアンスとは、すべてが規則通りになされているかを確かめる部門だ。リスクマネジャーはバンカーが取るリスク、あるいは提案しているリスクを監視し、無謀な計画を排除して、手に負えなくなりそうな案件に〝ストップ〟をかける。金融機関が従うべきルールは膨大な数にのぼり、だからコンプライアンス部門も大所帯になる。リスク管理部門にはいろいろな人がいる。取引相手の個人や企業や政府が破たんする確率を専門に計算している人もいる。市場が突然暴落したら、現在または今後のローン、トレード、案件がどうなるかを見ている人もいる。〝オペレーションリスク〟もある。自社のインフラが機能停止したり、濫用されたりすることをどうしたら回避できるか？〝ソブリンリスク〟もある。取引相手の国に政情不安が起きる確率はどのくらいか？

あるソブリンリスク・マネジャーはこう語ってくれた。「カレンダーを見て、その日が償還日だと気づいて『ああ、よかった』と胸をなでおろすことが何度かあった」その貸出のリスクがなくなるということだからだ。彼はちょうど引退したばかり、というかクビになったばかりだった。でも「それなりの手当て」をもらったので、不満はないと言っていた。

不安定な国と判断されると、バンカーにとってはそこでの案件や取引がやりづらくなる。「バンカーとリスクマネジャーは、人間の感情の両極を象徴するステレオタイプだと言えるかもしれないね。トレーダーやアドバイザーは大胆で、リスクとコンプライアンスの人間は病的に慎重だから」バンカーたちは当然、取引しようとしている国のリスクを低く見積もろうとする。「だからリスクとコンプライアンス部門には強い人間が必要なんだ」

ミドルオフィスはそんなプレッシャーに抵抗できるほど強いですか？　少し言い訳っぽく彼は答えた。「1970年代以降、金融はものすごく変わった。業界全体がはるかに能力主義になり、多様になった。同時に、残念だけど業界全体がつねに利益に追い立てられて、顧客を裏切るようになった。金融機関の役割の多くは、公益に資するものだ。私は金融の規制緩和には賛成できないね」

金融危機について聞くと、彼ははっきりとしたプライドを持って、彼のチームはアメリカの住宅バブルがはじけるのを予想していたと言った。「でも、あれほどひどいとは思わなかった」新時代の複雑な金融商品のおかげで、リスクはかなりバラバラに分散されているため、金融システム全体は安定しているはずだと思い込んでいた。2008年に同僚と職場にいて、金融機関の株価が地に落ちるのを見ていたことを「昨日のように」思い出せると言っていた。その場にいた人たちはクイーンの『地獄へ道づれ』を口ずさんでいた。「正直、あそこで市場が崩壊していくのを見るのは、恐怖だった。グローバル経済がほぼ止まりそうになったんだから。歌でも歌ってないと、怖さをまぎらすことができなかった」

バックオフィスやミドルオフィスの人たちは、本当に違う人種だった。僕はときどき、彼らの仕事を別の側面から話してもらうために、変わった質問をすることがあった。動物に例えると、何ですか？　あるコンプライアンス担当者はこう答えた。「動物？　私は動物園の園長！」別のコンプライアンス担当者は、こう言った。「蹴られるのが好きな犬。私たちは経営陣のために仕事をしている。忠誠心が高くて、彼らが投げた棒を取りに行く。悪いことをする人に向かって吠える。自分たちが悪いことをする場合もある。すると蹴られて、また同じことをやる」

トレーダーの損益をチェックしているコントローラーは、こう言った。「動物の周りをうろついて、餌食にならない動物ってなんだろう？　あと、ひとりひとりの活動はそれだけを見ると意味がないように見えるけど、大勢で活動していて、大きな目で俯瞰すると欠かせないようなもの。っていうと、ハチ？　アリかな？」

社内監査の女性はまず、トビカモシカが頭に浮かんだ。「どこにでもいて、集団で行動して、穏やかな生き物」でも、社内会計士はトビカモシカほど動きは速くないけど、と補足した。物事をきちんとやろうとするし、間違いを恐れる。そして勤勉。「それともビーバーかな？」

大手銀行の人事部で長年働いていた男性は、「他人が抜きんでることを助けるための存在」だと言った。「ほかの動物をそんなふうに助ける動物がいるだろうか？　アルファザルが群れのリーダーなら、私たちはさしずめベータザルってとこかな。他人の目標達成を助けるためにいるから」

バックオフィスやミドルオフィスの人は、自分たちをそんなふうに見ている。ではフロントはどうだろう？「そうだな」複雑な金融商品を扱うセールストレーダーは言った。「群れで動いて、外に出てクライアントを狩る。獲物を分け合う。オオカミ？」

「トラだね」別のフロートレーダーはそう言った。「トレーダーはだれよりも攻撃的でなきゃならないし、会社のためにできるだけおカネを稼がなくちゃならない」檻の中ならどこまでもリスクを取っていい。

もうひとりのトレーダーは自分たちをハイエナに例え、金融商品の開発を行うストラクチャーの人間を恐竜に例えていた。その話をストラクチャーの男性にしたところ、彼はトレーダーをオナガザルだと言っていた。「攻撃的にもなるけど、普段はいいやつ」市場はサメのいる水槽で、ストラクチャーの人間は獰猛な肉食恐竜じゃなくて、攻撃のチャンスを辛抱強く待ってる生き物だと評した。「蛇だね」

フロントの人間で、自分たちを肉食捕食動物に例えなかったグループは、ふたつだけだった。ひとつはクオンツの人たち。たとえば、市場の一時的なほんの小さな価格ギャップを見つけるような数学モデルを作っていた、あの天才だ。「カバのからだの上に住み着いてる小鳥みたいなものかな。カバの歯の間に残った食べ物を見つけるんだ。つまり、市場をもっと効率的にするってこと。カバは我慢してくれる」

もうひとつは、富裕層や大手金融機関のおカネを投資して手数料をもらう、資産運用マネジャーたちだ。当然だが、この分野は最も規制が厳しい。「亀かしら」と言ったのは女性MD

だ。「狩猟系じゃなくて、慎重派だから長生きなの」この世界は厳しいから、資産運用の人間は固い殻で自分を守るのよ、と控えめに笑いながら言った。「のろまな亀なんてバカにされることもあるけど。実際にはわざとそうしているの。必要なときには驚くほど素早く動けるわ。あと、群れない。でも仲間の近くにいるのは嫌いじゃない」

＊＊＊

政治家や批評家が投資銀行を〝カジノ〟とか〝無法地帯〟なんてからかうのに僕らは慣れ切っているので、そこには何千人という人たちが、スキャンダルや暴落を防ぐために働いているということに、改めて驚いてしまう。そこで当たり前に出てくる疑問がある。リスクとコンプライアンス部門の人たちは、どうして自分の仕事をやっていないんだろう？

沈黙の掟のせいで、ミドルオフィスの社員とインタビューを取り付けるのはすごく難しいだろう。なにしろ、２００８年の世界金融危機を引き起こした、有害な金融商品に〝進め〟の許可を与えていたのは、彼らなのだから。コンプライアンス部門が機能しなかったのは、今回の金融危機だけじゃなかったはずだ。世紀の変わり目に、投資銀行はドットコムバブルに首までつかり、その後何年も次々とスキャンダルが続いた。投資銀行とメガバンクのトレーダーが、金利と為替のレートを不正に操作し、あのＬＩＢＯＲスキャンダルが起きた。スイスのＵＢＳ

のロンドン本社では、ありとあらゆる社内統制とリスク制限があったのに、無鉄砲なトレーダーが巨額の損失を出した。メガバンクのＨＳＢＣは麻薬の資金洗浄で検挙され、ほかの数行もイランとスーダンへの経済制裁に従わなかったとして罰金を科せられた。２０１２年には、〝ロンドンのクジラ〟と呼ばれたＪＰモルガンのトレーダーが60億ドルの損失を出した。ここ数年、ヨーロッパ全域の中小企業、年金基金、インフラ事業、地方自治体やその他の公共機関がロンドンの投資銀行から買い入れた複雑な金融商品に「毒がある」ことがわかってきた。こうしたスキャンダルは後をたたないし、まだ何が隠れているのかだれにもわからない。

こうした事件が起きるたびに、投資銀行と金融ロビイストは、ほんの一握りの腐ったリンゴが起こしたことだと伝えたがる。あの金融危機を、一度限りの事故として描いたのと同じように。ミドルオフィスの人たちはどう思ってるんだろう？

ある大手投資銀行のコンプライアンス担当として働く女性は、フロントオフィスのバンカーが、自分たちを監視してスキャンダルを防いでくれるミドルオフィスの人間をどう見ているかを、こんなふうに説明してくれた。「この仕事に就いて最初の週に、同じ会社の人たちと外の席でビールを飲みながら冗談を言ってたの。そしたら、会社の人たちがすごく驚いちゃって。『君、コンプライアンスだよね？』って聞くわけ。そうよって答えたら、こう言われたわ。『でも君、まず、飲んでるよね。次に冗談を言ってる。しかも、楽しそうにしてる』」バンカーは、フットボールの選手がラインズマンを見るような感じで、コンプライアンス部門を見ているのだと彼女は言った。「ライン沿いをうろうろして、プレーヤーが得点を稼ぐのを止めたり、好プレーを阻止したりする、ただの負け犬だと思ってるわけ」

バックオフィスも同じだ。何年もバックオフィスでサポートの仕事をして、数か月前にクビになった男性は、その力関係をこう語っていた。「バックオフィスの人間はいつもトレーダーを極度に怖がってるんですよ。稼ぎ頭がだれかを知ってますからね。評判も聞いてますし。ほとんどのトレーダーはあだ名で呼ばれてます。大物トレーダーは突拍子がなくて乱暴だし、いつもイライラしてる感じです。こっちは顔色を窺って、問い合わせをするタイミングを計るようになるんです」

バックオフィスの社員がトレーダーに連絡しなくちゃならないときは、周囲にその緊張感が伝わると言う。いつもよりずっと長い時間をかけてメールを書き、なかなか電話をかけようとしないからだ。

「フロントオフィスに逆らえる人はいませんよ」大手投資銀行のいくつかのトレーディングフロアで10年以上働いている、別のコンプライアンス担当者はそう言った。「そんなのはこれまでに見たことがありませんね」

最近引退したリスクマネジャーは、トレーディングの男たちが仕事のあとにときどきサッカーをしに行っていた話をしてくれた。「あるとき、遅くなってタクシーに乗ったんです。トレーダーはもちろん経費で落とせるはずだと思っていたようですが、そんなわけにはいきません。ほんの数ポンドですから、彼らにとってはただ力を示すためだけのことです。私たちは経費精算を拒み、何人ものマネジャーに苦情が行きました。結局、そんなささいなことのために何週間もごたごたしたあとに、経費として落とすことになりましたけど」

あだ名を見ても、ミドルオフィスの人間が下に見られてることがわかる、と彼らは言っていた。バンカーは、〝ロックスター〟〝稼ぎ頭《レインメーカー》〟〝ダークサイド〟〝実力者〟〝立役者〟なんて呼ばれる。一方で、自分たちミドルオフィスの人間は、〝妨害者〟〝取引破壊者〟〝ショーストッパー〟〝チェック屋〟〝コストセンター〟なんて呼ばれている。

バックオフィスの人間は一束いくらのボールペンを使う一方で、フロントオフィスのバンカーは高価な万年筆を使うことも、よくネタになる。バックオフィスやミドルオフィスの人たちは、上に登ったら高級万年筆を買いたがるなんて言われたりもする。実際、そんなことが起きたりもする。トレーダーやバンカーが、サポートやコントロールの人間をフロントオフィスに引き上げることもある。

サポートの仕事をしているある女性は、いつも控えめでおとなしい恰好をしていると言っていた。マニキュアはつけない。スカートでなくパンツスーツ。「トレーディングフロアに行くと、トレーダーを引っ掛けたいのが見え見えの、サポートの女性がたくさんいるわ。サッカー選手がだめなら、トレーダー狙いって感じ。外見でわかる。ミニスカートで胸が思いっきりはだけてる。ビーチじゃないんだから、って思うけど」

「そうそう、僕らの前じゃフロントの人間は震えてるね」なんて言うバックオフィスやミドルオフィスの人はいなかった。それに、ミドルオフィスの人を敬って語るバンカーもいなかった。中立ってことはあった。たとえば、例のロックンロール・トレーダーだ。「俺たちはギャンブラーだって思われてるみたいだけど、そんないかにもなやつはほとんどいない。大きな賭けはできない仕組みになってるんだ。コンプライアンス部門があるから。リスク制限があって、それを超えられない。いきなり途方もないポジションを取ったら、だれかが気づくからね」

とはいえ、フロントオフィスの人たちはだいたい、「コンプライアンス部門の人」と規制当局者に同じあだ名をつけている。〝負け犬〟だ。

投資銀行は、なによりもルール順守を優先することを強調し、一挙手一投足が巨大な官僚主義によって見張られ、許可が必要になると言い張っている。でも、それらはすべて、「ひととおり表面をチェックするだけ」だと思われているし、理論的にはミドルオフィスが悪事を止める力があることになっていても、実際にそうできるとは限らない。

ミドルオフィスの力のなさは、投資銀行のDNAに刷り込まれていると言う人もいる。まず、ミドルオフィスのおかげでどのくらいの損失が回避されたかを数字で示すのは至難のわざだ。逆に、案件がまとまれば、トレーダーやバンカーは利益額を示すことができる。さらに重要なことは、フロントの稼ぎからミドルオフィスの給料が支払われる。だから自動的にミドルの立場が下になる。

これなら納得できそうだけど、まだ深い説明がある。金融史をひもとけば、ミドルオフィスの不満はすべて腑に落ちる。もちろんリスク管理のスタッフの給料はいつも、リスクを取って得た収入から支払われてきた。でも、昔と違うのは、昔のリスクマネジャーは、はるかに力があったってことだ。

シティとウォール街の投資銀行は、歴史的に少人数のパートナーによって経営され、経営者イコール株主だった。パートナーは個人で損失に責任を負い、いい年には巨額の収入を得られたけれど、そうでなければ自分の財産が危うくなった。つまり、得をすることもあれば、損をすることもあった。物事がうまくいかなければ、自分のカネで埋め合わせることになったわけだ。

80年代の半ばから、このような形態の投資銀行が株式を上場したり、規制緩和によって投資銀行業務への参入を狙う商業銀行に買収されたりしはじめた。こうした商業銀行は世界中で何十社もの金融機関を買収し、〝大きすぎて潰せない〟存在になった。比較的短期間に、投資銀行の株主構成はがらりと変わった。いまや上場企業になり、リスクはパートナーから一般の株主に移り、バンカーの給料の一部は株式やストックオプションで支払われるようになった。株価が上がれば上がるほど、持ち株やストックオプションの価値も上がる。より大きなリスクを取ることが、株価を上げる早道だ。そして、僕たちも見てきたように、〝大きすぎて潰せない〟

ということは、納税者がそのリスクの大半を肩代わりするということだ。

シティには、この新しい状況を表現する言葉がある。〝OPM（Other People's Money）〟、つまり〝他人のカネ〟だ。

投資銀行がパートナーシップ形態だった時代に仕事を始めたフロントオフィスのベテランバンカーは、この株主構成の変化が、バンカーの仕事のやり方に大きく影響したと断言していた。「新人のころの私はちょっと生意気でね。すごくいいアイデアを思いついたんだ。それで、トレーディングのヘッドのところに行って、それを見せた。これ、すごくいいアイデアだと思いませんか？　すごく儲かりますよ、なんて言ってね。トレーディングのヘッドは本物の意味で会社の持ち主《パートナー》だった。彼は私を見てこう言ったんだ。『忘れるな。お前がいじくってんのは俺のカネだからな』以前はそうだった、とベテランバンカーは言った。「株主が隣に座っていたんだよ」

投資銀行とメガバンクがこんなふうに姿を変えたのはつい最近だということは、かなりの驚きだ。金融機関が過剰なリスクを取ることが問題だっていう話はよくある。でも、金融機関の構造をよく見れば、リスクの所有者が問題なんだということが見えてくる。本当の問題は過度のリスクがだれのものか、っていうことだ。リスクを取る人間がそれを担ってるわけじゃない。そのことが、コンプライアンス部門の役割を根本から変えている。昔のパートナーたちが、破滅的な損失を恐れるのは当然だった。だからコンプライアンス部門が力を持てた。今のシステムでは、コンプライアンス部門は、株主と規制当局と納税者を安心させるためだけに存在する。本物のリスクを背負うのは、そうした株主と納税者だ。

自由市場の一部である上場金融機関を〝大きすぎて潰せない〟なんていう議論を、ヘッジファンドやプライベート・エクイティやベンチャー・キャピタルが鼻で笑う気持ちを、僕も理解しはじめた。破たんの可能性のない資本主義なんて、地獄のないカトリックのようなものだ。いずれにしても胴元が勝つってこと。「今の金融業は、他人の頭でロシアンルーレットをやってるようなものだ」と彼らは言っていた。

僕がこのことで悩んでいると、受信箱に興味をそそるメールが入った。「あまり表に出ない金融の一面をお話ししましょう」

5

解雇通告

「噂が広がるのって、ほんとに早いわね。トレーディングフロア全体にパニックの波が一気に広がるの。その電話を受けると、みんなすぐにピンとくるわけ。こっちは本当に何気ない調子で、『ちょっと20階まで来ていただけます？』って言うだけなのに、相手はすぐにわかるのね。人事からの突然の電話は、だれも取りたがらない。わざとどっかに雲隠れしちゃう人もいるわ。本人に直接知らせない限りは、正式に〝クビ〟ってことにはならないから。だから、いなくなっちゃうの。電話にも出なくなる。やっと上がってきたときには、すごく不機嫌な顔をしてるわね。電話を受けたとたんに、持ち物を詰めて持ってくる人もいる。泣き崩れたり、怒鳴ったり、途方に暮れる人もいる。話をしたあと、といってもだいたい5分で終わるけど、警備員が付き添って建物の外に出るわ。特に社外秘の情報を持ってるバンカーはそう。デスクにも机にもさわっちゃいけないことになってる。ファイルをUSBにコピーしたり、個人のメールアカウントに送ったりしてるところを捕まえたこともある。会社を出るときに『やられた』なんていう人も多い。でもそんなふうに出ていっても、悪い印象しか残さないわ。もっといい仕事に就くよって言うほうが、前向きよね」

その日は特別に過ごしやすい秋の夜で、外の席に座っていると気持ちがよかった。その人事部のマネジャーは、ワインに詳しい様子でリストを眺め、オー・ポワトゥー・ソーヴィニヨン・ブランを注文した。20代の後半で、とある投資銀行の人事部にもう何年も勤めていた。20階での会話は5分ほど。その間、多くの人は彼女と握手をすることも、目を合わせることも拒絶するらしい。「何年も一緒に働いてきた上司よりも、知らない人事部の人間のほうが怒りをぶつけやすいから。上司たちも火に油をそそぐような感じで、すべてを人事のせいにするのよ。管理職の人たちって、ほんとにこの仕事を嫌がるのよね。事前会議をすっぽかす人もいる。ありえないと思わない？　ロールプレイをして、クビになる人のリストを見直して、ゴタゴタしそうな人について話し合わなくちゃいけないのに。事前会議に出てても、実際の言い渡しのときにはロールプレイをすっかり忘れて、ただ『解雇対象になった。では詳細は人事の方から』なんて言っちゃう人もいるし」

クビを言い渡されると、混乱して何も理解できなくなってしまう人も多い。社内の別の部署に配置されるかもしれないと伝える場合もある。「でも数日後にもう一度会うと、その部分がすっかり記憶から抜け落ちてることもあるの。2度目のミーティングで、再配属や新しい仕事のことを話すか、仕事がない場合には解雇手当てについて話し合うわ。おとなしい人もいれば、ものすごく腹を立てている人もいる。おそらくいろいろと準備して、グーグルであれこれ調べて、法律的に間違った結論に達しちゃう人も多い。解雇の通告は、結局手当ての交渉に行きつくの。うちの会社では勤務年数に応じて、1年に400ポンドを支払うことが法的に定められてるの。勤務年数が2年に満たない場合には、何ももらえない。イギリスでは、訴えを起こさないという文書に署名するのと引き換えに、それよりはるかに高い金額を提示するの。ある種の脅迫状みたいなもので、〝解雇増額金〟って呼ばれてる」ワインを一口すすって、彼女は続けた。「アメリカ人の管理職だと、これをすごく面倒に感じるみたい。アメリカだとクビにするのはもっと簡単だから」

こうした解雇通告のミーティングをほぼ毎日やっていると「心が壊れそうになる」と彼女は言っていたが、大量解雇の場合はさらにつらい。彼女の会社は世界中に支社があり、それぞれの支社内で、24時間以内にすべての解雇を発表しなければならないことになっている。そんなときには、朝の7時から夜の10時までミーティングが詰まることもある。「そこに座って、次の人はどんな反応をするだろうって予想するの。怒り狂う人もいる。いつでも逃げられるようにしとかないといけないわ。だからものすごく疲れる。機械的に同じ言葉をそっくり繰り返すようになる。マネジャーが何か気のきいたことを言うこともあるけど、私の方は何を言っても同じだと思ってる。そうじゃない？」

就業ビザをもらって働いている外国人の社員は、解雇通告から30日以内に国外に出ないといけない。「考えてもみて。その人たちにも、友達や彼氏や彼女がいて、1月以降にもらえるボーナスを見越して、おカネを使っちゃってるかもしれない。でも、もうボーナスはもらえないのよ。秋にクビ切りをするのは、その人たちにボーナスを払わなくていいから、残った人たちの取り分が多くなるってのが理由のひとつなの」

その話から、いろいろと考えることがあった。そのすぐあとに、人事の反対側の経験を聞く機会に恵まれた。

彼女は30代後半で、メガバンクで10年以上働いていて、いつもサポートの役割だった。インタビューに手を挙げたのは、「もっと現実に近い」メガバンクの悪くない面を見せたかったからだ。でも、「仕事でいろいろと忙しくて」何度かインタビューをキャンセルしていた。それでも僕は諦めず、やっと朝の11時にさびれた喫茶店で待ち合わせることになった。

「大変なの」開口一番に言ったのはそれだ。「日に10時間から15時間は働いて、友達や彼氏よりも同僚といる時間のほうが長いのよ。職場の置物みたいになっちゃう。でもそのうちお払い箱なのよね」アメリカだともっと悪いの、と付け加えて、解雇の手順を教えてくれた。彼女の銀行では、一斉の解雇通告は〝コミュニケーション〟と呼ばれ、その日はすごく大変、もう本当に気が狂いそうになる、と言っていた。「全員集まったら、朝の7時か7時半くらいから始めて、一日中やってるの。全員が全員を見てる。電話は鳴りっぱなし。クライアントからも、社内の電話も。でもそれ以外は、シーンとしてる。だれかが上着と身の回りの物を持って立ち上がったら、人事からの電話だってわかる。その人が人気者だったり、尊敬されてる人だったりすると、その途中で同僚がお見送りの拍手を送る」

チームそのものがなくなるときは、マネジャーがまず人事に呼ばれる。そのマネジャーがメンバーひとりひとりに通告する。もちろん、マネジャー自身も解雇通告を受ける。数か月前、彼女自身も自分の席でドキドキしながら上司を見ていた。上司が立ち上がった。右に曲がったらトイレ、左に曲がったら人事。彼は左に曲がった。しばらくして、彼女の電話に内線電話の番号が映った。同僚に、「出ないから。私、出ないから」と言った。でももちろん、電話に出た。

結局、思った通りだった。最初の会話はすごく短かった。5分から10分ほど。彼らはできるだけ感情を傷つけないように、ありきたりな理由を挙げた。「市場環境の悪化」とか、「費用削減の必要性」とか。数日後、解雇手当てを提示された。すべての権利を放棄することを約束した50ページの書類に署名した。「手当ては1年分だった」最初の会話のあと、彼女は席に戻って机を整理することを許可された。「あれは、情けをかけたふりをしたんだと思う。長年働いてたから」

彼女はすぐに、あるプロジェクトを一緒にやっていた同僚にメールを送った。「仕事が滞ると悪いと思って」それに、心の準備はできていた。その数週間前から、必要な人にメールをCCして、彼女がいなくなるときに備えて情報を共有していた。

彼女は黙り込み、僕はコーヒーのお代わりを頼んで訊ねた。自分をクビにした銀行に迷惑をかけないように、いろいろ頑張ったってこと？　彼女はうなずいて、恨んでいないと言った。ある意味で、ほっとしたそうだ。金融危機以来、この4年間、四半期ごとに社内のどこかの部署で一斉解雇が行われていた。「次はどのくらいの人がクビになるかって、いつも噂になってた。『次の火曜だと思う？』『たぶん。だれがクビになるんだろう？』ってね。上司にそれとなく聞く人もいた。『準備しておいたほうがいいですか？』とか。みんなビクビクしていたし、それって健全じゃないわよね。モラルは地に墜ちてたわ」恨んでないし、できるだけ早くまた金融に戻りたいと彼女は繰り返した。「複雑で競争が激しくて、変化が早くて同じ志向の仲間がいるし、お給料もいいなんて業界はほかにないから」

後悔はある？　と聞いてみた。間があった。「解雇リストに入ったら、それまで。上司が私のために闘ってくれたのは知ってるけど、どうしようもなかったのよ。チームが全員クビになったから。私が助かる道はなかった。頭数だから。金融の世界に入るってことはそういうこと。社員は使い捨て《コモディティ》なの」また少し間があった。「このまえの夏に、すごくいい仕事に誘われたけど、断ったの。今思うと、だめな家族に肩入れしすぎてたみたい。まえの職場のことだけど」彼女はコーヒーの残りを飲み干して、明るく言った。「女性だからなのかはわからないけど。肩入れしすぎるっていうのはね。でももう同じ間違いは絶対にしないわ」

これが、あの人事部の女性がメールで言ってた「あまり表に出ない金融の一面」なんだ。シティの人たちは、5分でクビになる。

バンカーの中で、自分からこのことを持ち出した人はいなかった。でもそれ以降僕がこの話を持ち出すと、インタビューのたびに恐ろしい話が出てきた。同僚から電話がかかってきて、「申し訳ないんだけど、私のコートとバッグを持ってきてくれる?」。その彼女はすでに社員証を取られて外に立っていた。昼食から戻ると、隣の机が空になっていた。休暇中だと思っていたら、隣の席に別の人がやってきた。一緒にプロジェクトをやっていたのに、いきなり相手が警備員からビルの外に連れ出されることになって、「じゃあね」と言いながらハグを交わした。あるミーティングで、「それはナタリーが検証中です」と伝えると、上司が首を振りながら「ナタリーはもういないので」と言った。ナタリーがクビになっていたのをそのとき初めて知った。最悪なのは、朝出勤して社員証をかざすとブザーが鳴って中に入れなくなっていた。受付にそう言うと、コンピュータのスクリーンをちらっと見て「だれかが迎えに来るまで、ここで待っていていただけます?」と言われた。

最近金融を辞めたというある若いバンカーは、みんなに好かれていた同僚が突然クビになったときのことを教えてくれた。「みんなすごくびっくりした。だって、彼はすごくいいヤツで仕事ができて熱心で、チームのためにすごく稼いでた。彼の目に涙が溜まってた。フロアを出たあとに泣いたと思う。彼が出て行くとすぐに机が片付けられて、チームのリーダーがこんな感じのことを言っていた。『あいつは素晴らしい男だったけど、商売は商売だ。さ、仕事に戻って稼ごう』僕が入社したときからずっと何年も隣に座ってた人が突然いなくなったと思ったら、それっきりで……でもすぐみんな仕事に戻る。どこからか新しい人が現れる。最初はなんか妙な感じだった。上司はよくこう言ってたよ。『クビになる日が毎日近づいてくる』ってね」

インタビューの相手は、こんなふうに突然クビになることを、ある言葉で表していた。〝処刑〟。まだほかにもある。ゴールドマン・サックスやJPモルガンといった一流投資銀行では、会社の業績にかかわらず、パフォーマンスの悪い社員を毎年一定数解雇する。それは〝間引き〟と呼ばれる。伝染病にかかった家畜を屠殺するときや、農家がアナグマを駆除するときにも使われる言葉だ。インタビューの相手が、「もちろん、間引きはある」なんて言うこともあれば、「間引きの時期になると……」なんて言う場合もあった。若手のバンカーは、社内のランキング制度について教えてくれた。6か月に一度、全員が同僚のパフォーマンスを評価することになっていて、上は〝卓越している〟や〝期待通り〟から、下は〝期待を裏切った〟まで、いわゆる360度評価をしなければならない。こういったシステムだと、社内政治がすごく大切になる。「うまいタイミングで、力のある上の人間に挨拶しておかなくちゃならない。チームメンバーは協力し合うけど、いい評価を得るために競争する。当然、友達同士だといい評価をし合う」〝卓越している〟のは100人のうち3人くらいで、いちばん下の数パーセントは切られることを全員が知っている。

こうした話や逸話を聞くと、この30年でイギリスが大きく変わったことに改めて気づかされる。僕は典型的な北西ヨーロッパの国で生まれ、国民福祉や雇用保護、セーフティーネットと団体交渉が当たり前の場所で育ってきた。でもロンドンの金融街では、そうした考え方は当たり前じゃなかった。フロントオフィスのバンカーが、突然の解雇を語るその言葉や調子にも、僕はあまりいい気分がしなかった。一斉解雇は〝頭数減らし〟とか、〝遺体の片付け〟とか〝役立たずの間引き〟と言われた。ある年長のバンカーは、彼の部署で突然消えた同僚はいつも〝辞めた〟ことになると言っていた。肩をすくめながら、そのほうが聞こえがいいし、10件に1件は本当だから、と言った。銃殺隊の兵士が、ひとりだけは空砲を渡されたことを知っているようなものだと説明していた。だれかがクビになったと聞けば、「すごくいいヤツだったのに、それでもクビになるのか。あいつがクビなら俺だっていつクビになってもおかしくない」と考えてしまう。「だから、もっといい仕事を見つけたという意味にもとれるように、〝辞めた〟と言うんだ」

〝男らしさ〟はフロントオフィスのバンカーに必須とされている。突然の解雇は少年を大人の男にすると言われていて、それを正面から受け止めることが根性の証みたいに思われているようだ。別の人事スタッフは、あっさりとクビを切られる初めての体験は、バンカーにとってその部族への加入儀式みたいなものだと言っていた。「マフィアの下っ端が初めて警察にしょっぴかれるときを想像するといい。そのときにどうふるまうかが重要なんだ。『グッドフェローズ』の若かりしレイ・リオッタみたいにうまくやれば、ファミリーの仲間入りができる」

逆に見ると、フロントオフィスのバンカーは忠誠心がないようだし、会社側もバンカーを尊重していないように思える。僕が出会った多くのバンカーは、35歳までに３つか４つの投資銀行の名前が履歴書にあった。会社を渡り歩くのが、上に登る鍵だ。チームそのものがひとつの会社から別の会社に移動し、またチーム全体で戻ってくることもある。戻ってくるころには、最初にメリーゴーランドが始まったときよりもはるかに稼ぎがよくなっている。

僕が会ったヘッドハンターは、会社を渡り歩くのはシティでは当然で、２００８年以前の景気がいいときは、もっとそれが激しかったと言っていた。10年以上の経験を持つそのヘッドハンターと僕は、定期的に会うようになった。彼のお気に入りの昼食場所は、昔ながらのスクエアマイルの中心部にあるイングリッシュパブだ。ビールを一杯ひっかけながらおしゃべりし、僕はステーキとキドニープディングをなんとか腹に収めた。彼に声をかけてくるのは、たとえば次のような人たちだ。ほかの企業ならもっといい給料を出してくれると思うバンカー。特定のニッチ分野に参入するかビジネスを拡大しようとしている会社。社員を競合に引き抜かれた会社などだ。だから、ヘッドハンターは〝寄生虫〞なんて呼ばれるんだ、と明るい調子で彼は言っていた。ほかのヘッドハンターが作った穴を埋めて生計を立てているんだから。これまでに1000人を超えるバンカーに会ってきた彼は、こう語った。「30歳にもならないのに年収200万とか300万ポンドなんて人間もいる。そうなると、感覚が麻痺するね。私の感覚も麻痺してる。この間、すごく優秀なバンカーと会ったんだけど、年収はたった15万ポンドだった。心の中で、気の毒に、別の会社なら少なくともその倍は稼げるのに、って思った。でも我に返って、『気の毒に』なんてとんでもないと思った。だって年収15万ポンドなんだから」

「トレーダーは転職の条件として、たとえば〝200万ドル〞とは言わない。〝2本〞って言う。20億ポンドの取引の場合は〝2ヤード〞って言うんだ。トレーダーはなにごともトレーディングに置き換えて表現する。転職に関してもそう。たとえば、『ビッドされたヤツがいて、ストリートでいちばんできる男だけど、キャリアのこの時点ではいいトレードだと思わなかった』なんて言い方をする。ビッドは転職の誘いで、ストリートは金融業界、トレードは実際の転職って意味だ」彼に、仕事の中でいちばん緊張する瞬間とか興奮する瞬間はいつかと聞いてみた。すぐに答えが返ってきた。転職するバンカーが直属の上司に辞表を手渡すときだと言う。「辞めると言うと、部屋に通されて、偉い人たちがどんどんやってきて止めようとする。会社にとっては当たり前だ。替わりの人間を探すのにカネも時間もかかるからね。仕事の妨げになる。トップの経営陣が降りてきて15分もかけて辞めさせないようにするのは、もっともなことだ」

ヘッドハンターは、バンカーに転職先を絶対に明かさないでくれと頼む。なぜかというと、会社側はそこに前勤めていた人間を呼んでくるからだ。その人間が、前の会社の悪口を言い、見かけほど居心地がよくないなんて言い出す。初めてのときは、ほとんどの人間がプレッシャーに負けて転職先をばらしてしまう。「あとになってみんな必ず、口を滑らせたのは最悪の失敗だったって言うよ。黙っていればはるかに早く終わるし、痛みも少ない」ここですごくゴタゴタすることもある。辞職を申し出た人が席に戻ると、全員が彼女を無視するように言い渡されていたということもあった。職場の親友に転職先を打ち明けたら、その親友がすぐに上司にそれを伝えた。「仲間はずれにされて、かなりこたえてたよ。辞めるって言ったとたん、急に友達じゃなくなるんだから」辞めていく女性は男性よりいじめられやすいと、そのヘッドハンターは感じていた。「女性のほうがそういうことに敏感なのかもしれないね」

⁂

名作『ライアーズ・ポーカー』（早川書房）の中で、元フロントオフィスバンカーで作家のマイケル・ルイスは、この採用解雇のシステムの背後にあるメンタリティを一言で表している。

「忠誠心が欲しい？　なら犬のコッカー・スパニエルを飼え」バンカーもサッカー選手みたいに、いちばん有名で、報酬の高いクラブを目指して何が悪い？

特に金融業界は、景気の波に極端に左右される。景気が悪いときに会社が簡単に人をクビにできれば、景気が良くなればまた雇い直すことができる。だから、雇用の保障がない。そのことがここでは普通に受け入れられている。僕がインタビューしたフロントオフィスのバンカーの中で、どんな形にしろ雇用の権利や保障を訴える人はひとりもいなかった。

とはいえ同時に、こうした雰囲気については多くのバンカーがすごくいやだと話していたし、〝心が蝕まれるような文化〟の原因を探っていくと、だいたい採用と解雇をめぐる環境に行きついた。人間は家電製品じゃない。機械はいつか捨てられることを知らないし、取り換えられるその日までずっと正確に機能し続ける。でも人間は、自分の弱い立場を悟ればそれに影響されるし、そのようにふるまう。

僕とランチをしてくれたあるコンプライアンス担当者は、〝恐れを煽る環境〟についてずばりと指摘していた。彼女は40歳前後で、辛辣だが率直に語ってくれた。ダイエットコーラとスープを注文した彼女はたばこに火をつけ、深く吸い込んでから、早口で話しはじめた。

「もっとみんな正直になるべきよ。私たちが非常ベルを鳴らさないってことをわかってほしい。私たちは役人に告げ口しない。それに、上層部に漏らしたりしない。社内で『本音の話』が必要なの。そうすれば、本当に何が起こっているかが聞ける。でも普通、なにかまずいことがあったとき、どうなると思う？　私たちが最後にそれを知ることになるの」恐怖を引き起こす要因は大きすぎる一方で、信頼は少なすぎる。「いくらもらってるか考えてみろ」というのが、会社側の言いぐさだ。だから、「船をあまり激しく揺らしたくない」

彼女自身、就職直後の数週間は、とにかく目立つことを恐れていたと言う。仕事は複雑で専門的で、業界用語や略語ばかりだった。「こっちが絶対に答えられないような質問をして、私の力を弱めて自分が上に立とうとする人もいるわ」彼女が検査を行っていた部門のミーティングに初めて参加したとき、思い知らされたことがあると言う。ノートを取り出すと、上司が彼女にささやいた。「なにやってるんだ？」「ノートをとろうと思って」そう答えると、上司は「やめろ」と言った。「ノートなんかとってたらだれも話さなくなるから。人前でノートなんかとるな。記憶してあとで書いてくれ」

最初の数週間のうちにもうひとつ学んだことがある。メールを絶対に消すなということだ。「すべて記録を残しておけば、問題が起きたときに自分を守ることができる。でもね、私が失敗したら私が責任をとればいいんだから、なんでそんなに守りに入るわけ？　なんてはじめは思ってたの。でも、金融で生き残ろうと思ったら、自分の身は自分で守らなきゃってわかった。自分は何も間違ってなくても、だれかが失敗をなすりつけることもある。そのときに、記録が必要になるの」

レストランの外の席に座ってたばこを吸っているほかの人をちらりと眺めて、彼女はもう一本に火をつけた。コンプライアンス部門では、恐怖の文化が二重に働いていると彼女は言った。「だれも話したがらないから、大切な情報がなかなか入ってこない。でも、もし知らされたとしても、それに対処するかどうかを本当によく考えなくちゃならない。下手すると、自分までクビになってしまうから」

彼女の年収は10万ポンドに届かないけれど、彼女自身は「もらいすぎよ。私の仕事なんて大した価値がないもの」どうして続けてるんですか？　表情が硬くなった。「正直に言えば、おカネ。それが大きいわ。あとは職場の仲間。本当に素敵な人もいる。あと、面倒だから。一日中スクリーンの陰で過ごしたあと、家に帰ってまたパソコンの前に座って履歴書を書き直して職探ししようって気にならないから」

「高いお給料をもらって魂を売り渡してるってところはある。私はすごく後ろめたい気がする。でもほとんどの人は後ろめたいなんて思ってない。私は引退まで金融にいるなんてできないわね」

別れぎわに、彼女は何かから解放されたように、大きなため息をついた。「胸のつかえが取れたみたい」

ミドルオフィスとバックオフィスの人たちは、みな同じことを言っていた。会社が恐れの文化に蝕まれているということだ。揚げ足を取られる恐れ、非難される恐れ、ミスが発覚する恐れ、クビになる恐れ。

別のコンプライアンス担当者は、この10年の間に彼が働いていたトレーディングフロアはどこも、「波乱が当たり前の環境」だったと言う。その原因は？　解雇につぐ解雇だ。あるとき、彼のチームで12人がいきなりクビを切られた。「あっさりね。だれかが数字を決めて、あれだけ多くの人をパッとクビにするなんてことが、よくできるなと不思議に思うよ」しかも、それに抵抗する人もいない。「冷たすぎる。上層部からはこう言われた。受け入れて、前に進めってね」チームの1割がいなくなるのに、だれがクビになるのかわからない。「その日、電話が鳴りはじめたときの雰囲気ったらなかった」結局決定が覆されて、彼のチームは40人も増員された。「一言の説明もなかったよ」

解雇が簡単になればなるほど、上層部は社員に共感しにくくなる、とあのワインの好きな人事部のマネジャーは言っていた。「すごく上にいる人に大きな欠陥があるってわかったわ。だれをクビにするか、ほんの気まぐれで決めてるの。いったい何を根拠に決めたのかって聞きたくなるわ。クビになる人の情報がもっと集まると、上の人が大きな判断ミスをしてることがはっきりと見えてくる。でも、それを決めたすごく上の人は、基本的に意見を翻すことはないわ。彼らにとっては人間は数字になっちゃうみたいね。共感できなくなるの」

理論物理学の博士号を持つメガバンクのリスクアナリストは、金融業界に反対する抗議集会やデモに何度も参加し、２０１２年にはオキュパイ・ロンドンの会合にも行ってみた。彼女は、自分の会社を「延々と内戦を繰り返す部署の集まり」だと表現する。「以前、数字を繕うよう圧力を受けたことがありました。もしやらなければ、社内のある部門の信頼を失ってしまいます。だから現実とは違うように繕わなくちゃならなくなりました。私のようなクリスチャンにとっては、気がひけることなんです。数字の表示方法を変えることで、なんとか対応しました。嘘をつかずに済んだんです」

「政治的な立ち回りが必要」だと言う人も多い。自分の発言はすべて不利に利用される可能性があるので、つねに警戒して言葉が独り歩きしないように、気をつけないといけないそうだ。だれもが自分をよく見せようと必死に立ち回る。だれかが失敗すると、よってたかって〝食いつく〟人たちがいる。サメが血の匂いをかぎつけるようなものだ。そのうえ、悪意のある噂が流れることもしょっちゅうだ。

「すごく他人を責める文化がある」と言ったのは、あの広報の女性だ。「辞めて3か月も経つと、評判がぼろぼろになってるわ。いなくなった人に責任を押し付けるほうが簡単だものね」人事や広報などのサポート部門や、バックオフィスのほうがたちが悪い、と彼女はつけ加えた。「なぜだかわからないけどね。それに、こんなこと言いたくないけど、女性のほうがすぐに他人の責任にするみたいね」

＊＊＊

こうした話を聞くたび、僕は投資銀行の人たちに、なにか同情に近いものを感じ始めた。恐れや責めの文化がひとりひとりに与える影響もさることながら、雇用の保障がまったくないことが金融業界の仕組みにより大きく影響していると感じた。

「金融業界は、人材破壊って病に冒されている」と言ったのは、ボーナスを芝居じみた「年中行事」だと語った、あのセールストレーダーだ。「新しい上司が来ると、バーン！　頭数が1割減る。景気が悪くて商売もないから残りの9割で仕事を回せる。上司は賢く見える。経費をカットして、収入は維持できるからね。でも、景気が良くなると、ぜんぜん人が足りなくなる。仕事が回せなくなるんだ。全員がパンクしてしまう」

だれもが目先にとらわれすぎだと、あのロックンロール・トレーダーも認めている。「だれかが何かを築きあげようとしているのなんて、これまでに一度も見たことがない。新しい上司が来て、出て行って、その繰り返しだ。3年か4年でカネを儲けると約束して、その計画を実行する。プレッシャーがバカでかいから、すぐにより大きなリスクを取る方に走ってしまう」

例を挙げてくれないかと訊ねると、選挙だね、と彼は言った。「新しい経営陣が来て、数字を見て決める。この部署はだめだ、とか。そこのベテランを切って、新しいリーダーを数百万ドルで雇い入れる。新しい上司はもう4人ほど追い出して、自分の子分を呼びよせる。3年で結果を出せなかったら、その5人をまとめてクビにして、また最初からやり直しだ」

でも一社だけ、この文化とは違う投資銀行があるらしい。ゴールドマン・サックスだ。それを知らない人も多いけど、と彼は言う。「ゴールドマンのトップになってるのは、みんな生え抜きのゴールドマン出身者なんだ。目先にとらわれないのはあそこだけ。経営陣が安定してるっていうのは、ものすごい強みだと思う」

もし5分でクビになるとしたら、5分先のことしか考えない。雇用の保障がないってことはそういうことだ。忠誠心が消え失せるだけじゃなくて、継続性もなくなる。だれかの努力の上に何かを積み上げることもできない。いちばん優秀な人材はいつ引き抜かれてもおかしくない。一方で、ギロチンの刃が全員の頭の上にぶら下がっている。解雇や処刑や間引きが毎年行われる。人々はジャングルの掟、というか無法地帯に取り残される。そんな中でコンプライアンス部門にきちんと仕事をしろというのは、現実的でないのでは？

12人のチームメンバーをクビにすると告げられた、さっきのコンプライアンス担当者に、このことを聞いてみた。彼は自分の身元がバレることをすごく怖がっていて、僕は詳しいことをここでは書けないし、だいたいの年齢さえ明かせない。彼は僕のブログをいつも読んでくれて、こう書いてきた。「まだ投資銀行のことをよくおわかりでないようですね」彼の自宅で会ったとき、本棚には、フィナンシャル・タイムズの記者で人類学者でもあるジリアン・テットの『愚者の黄金』（日本経済新聞出版社）があった。２００8年のリーマンショックを引き起こした複雑な金融商品を発明したバンカーたちについて書かれた、おそらく最も評価の高い本だ。

テットによると、金融機関のいちばんの問題は、人々が「縄張り」つまりサイロの中で働いていることで、そのために重要な情報が外に出ず、共有されない。

やはりそう思われますか？　そう聞くと彼はうなずいて、深く染みついた不安が人々をサイロの中に閉じ込めているのだと説明した。「上司は、私に自分より上の人と話させたがらない。自分以外の情報源を持ってほしくないからだ。私の上司は情報源を独占したいんだ」

彼は咳払いしてこう言った。「〝銀行〟っていう考えを取っ払わないといけない。銀行っていうと、行動と目的を共有する集団を想像するし、ひとつのまとまった考え方が銀行を動かしているように思えてしまう。でもそんなものはないんだよ。それは、さまざまな力を持った人間の集まりなんだ。それぞれが自分の世界を管理してる。だからみんな〝自分の世界〟について話すし、自分の部署のことを〝自分の組織〟と表現する人もいる。社員は〝銀行〟のために働いてるんじゃなくて、だれかのために働いていて、自分の周りだけが世界なんだ」

金融機関の規制が細切れなのは、そのせいだと彼は考えていた。「だれもが自分の世界にそれを少しずつ当てはめる」だから、野心のある管理職はしょっちゅうクビを切っている。「まず、自分にクビが切れるってことを上にアピールするんだ。非難されても、費用を削減できることをね。次に、新規の採用を始める。貸しを作るんだ。そうやって、自分の周りに世界を作る」

「銀行っていう考え方を取っ払わないといけない」その言葉が、僕の中にずっと残っていた。

6

自分が いちばん大事

心理学者はそれを〝逆インセンティブ〟と呼ぶ。つまり、望ましくない行為やふるまいにご褒美を与えることだ。バンカーと時間を過ごすにつれ、僕はこうしたご褒美があることを発見し、それが1999年から2001年のドットコムバブルを引き起こしたことがわかってきた。世紀の変わり目の数年にわたって、インベストメント・バンカーたちは、価値のないインターネットのスタートアップ企業を、クライアントや金融メディアに向けて大々的に売り込んでいた。その間に、同じ投資銀行の仲間たちが、こうしたスタートアップを上場させて莫大な手数料を稼いでいた。なぜそんなことができたんだろう？　簡単な答えは〝欲〟だが、システムの中に埋め込まれた逆インセンティブに目をやると、さらに深い理由が見えてくる。

シティやウォール街の投資銀行は、歴史的にパートナーシップの形態をとっていた。アメリカではゴールドマン・サックスやソロモン・ブラザーズがそうだったし、イギリスのカザノフ（JPモルガンに買収された）、モルガン・グレンフェル（ドイチェ銀行に買収された）、サミュエル・モンタギュー（HSBCに買収された）もそうだった。これらの会社は、長く働けることで知られていたし、終身雇用もめずらしくなかった。証券と資産運用と投資銀行、または手形の取引を行う〝マーチャント・バンク〟は別の会社に分かれていた。投資銀行では、M&Aや株式上場、つまりIPOを取り扱っていた。

1980年代以来、業界にM&Aの波が押し寄せ、こうした業務がひとつの金融機関の傘下に集まっていった。その結果、投資銀行は一方で株式上場を狙うスタートアップにできるだけ高い株価をつけようと努力し、他方で投資家にその株価が割安だと売り込むことになった。反面、資産運用部門はクライアントのカネを新規上場企業に投資するかどうかを決めなければならない立場に立った。

これは、史上まれにみる大きな利益相反だ。IPOが莫大な手数料をもたらすことを考えれば、なおさらそうだ。新株の人気が〝過熱〟し、上場直後から大幅に値上がりすることが予想されれば、それを得意客に配ることで、そのクライアントに貸しを作って次の商売につなげられる。自分たちがその人気の株を持って、上場と同時に売却してもいい。

ドットコム・スキャンダルは、こうした利益相反から始まった。だからそれ以来、投資銀行部門はほかの部門との間に〝チャイニーズウォール〟を設けることが定められた。投資銀行部門のバンカーは、他部門のフロアに出入りできないし、エレベーターの中で仕事の話をすることも許されない。そうすれば、社外秘情報の漏洩も防げるし、バンカーがほかの部門に圧力をかけることもできなくなる。たとえば、IPOを引き受けている企業の本当の価値について、投資家に嘘をつくようなこともなくなるはずだ。

投資銀行に言わせると、このチャイニーズウォールのおかげで、たとえばブリティッシュ・ペトロリアム（BP）の情報を知るバンカーが、ものすごくカネになりそうな情報をセールストレーディングの同僚に漏らすことはないらしい。セールストレーディングの同僚がその情報を使ってクライアントにBPの株を取引させれば、儲けになるかもしれないのに？　資産運用部門もまた、BPの株を売買することで、クライアントから預かったおカネを大きく増やすことができるかもしれないのに？　自己勘定で取引するプロップトレーダーも、BP株の売買で自分の会社に大きな利益をもたらすことができるかもしれないのに？

しかも、そのチャイニーズウォールを見張るのはだれだろう？　ミドルオフィスだ。もしタイムズ紙が政治ロビー団体やPRコンサルティング会社と合併して、こんなふうに発表したらと考えてみてほしい。「読者の皆様、今回合併したロビー団体とPR会社のクライアントである政治家への、私たちの報道姿勢は変わりませんのでどうぞご心配になりませんよう。弊社ではチャイニーズウォールを設けております」

振り返ると、これほど長い間、投資銀行が今の形態のままで基本的に問題がないなんて考えられていたほうが不思議だ。認めたくないという気持ちが強かったせいかもしれないけれど、人はだれしも判断をできるだけ先送りにしたがることは、人類学でも証明されている。一度気持ちが固まると、なかなかほかの考えを受け入れることができなくなってしまうのだ。

僕はインタビューを続けているうち、興味深いコントラストに目が向くようになっていた。シティの人たちはおしゃれであか抜けていたけれど、言葉遣いは荒っぽかった。上品に着飾ったサッカーのフーリガンのようだった。相場が変動すると「売春婦の下着のように」動きが激しいと言い、ドジを踏むと「ファック」されたとののしり、物事がうまくいかないときは「お陀仏だ」なんて言う。儲かる案件やトレードを、「レイプと略奪」に例えることもあったし、「メッタ切り」なんて言葉にも、まったく違和感がないようだった。軍事用語を使うこともすごく多かった。「塹壕で戦った」あげく、「皆殺しにした」とか。金融の世界は「食うか食われるか」だと気軽に言っていた。「羊は屠殺される」し、チャンスがあれば「クライアントの顔を剥ぐ」のが当たり前だとも言っていた。これってトレーダーの間だけの下品な冗談なのかな？　フロントオフィスのバンカーを描いた自伝的小説の『シティボーイ』で、主人公が大物トレーダーに自分を見せつけようとする場面がある。彼は大物トレーダーのところに歩いて行って、どうして「そんなにブヨブヨなんだ？」と聞く。その返事は、「お前のヨメさんをファックするたびに、ビスケットもらってるからだよ」

シティではそんなジョークや逸話が数えきれないほどある。トレーディングっていうのはそういうものだ、と言う人もいる。ゼロサムだ、と。自分が勝ったら相手は負けるし、逆も同じだ。「どんな取引にもババをつかまされるアホがいる」なんてよく言われる。「そのアホがだれかを知っておかなきゃ。でないと、自分がそのアホになる」でも、口が悪いのはトレーダーだけじゃない。バンカーたちも口の悪さはそれほど変わらない。


あのタフガイっぽい口調には、空威張《から》り以上の何かがあるのだろうか？　利益相反、逆インセンティブ、またはその根底にあるものの何がこんな態度を引き起こすんだろう？　そんな疑問が頭に渦巻いていた2012年春に、例のグレッグ・スミスによる衝撃的な署名記事がニューヨーク・タイムズに投稿されて、世界中のメディアの注目を集めた。タイトルは「僕がゴールドマン・サックスを辞めた理由」。エグゼクティブ・ディレクターだった彼は、ロンドンのゴールドマン・サックスで、数年間アメリカ株のデリバティブ部門のヘッドとして、ヨーロッパと中東とアフリカを担当していた。記事の中で彼は、そこが「有害で破壊的な」環境で、同僚はクライアントを「操り人形」と呼んでいたと書いていた。

スミスは本を出版すると発表していた。そこで僕はライバル会社で彼と同じ立場にあった人たちを取材することにした。セールスや株式デリバティブの開発者が何人も話してくれることになった。マスコミがこれほどスミスの記事を取り上げることに、彼らはムカついていた。

グレッグ・スミス本人を知っている人もいたし、名前だけは聞いたこともあるという人もいたが、全員が頭をひねっていた。「いったい何をとぼけてんだ？　買い手責任ってものを知ってるはずだろ？」クライアントにもいろいろな種類がある。株式デリバティブのプロが教えてくれた。「リテールの客は普通の人たちで、その人たちはかなり保護されてる。それからプロの投資家や同業者がいて、そっちは本当になんでもありだ。プロなら自分のやってることがわかってるはずなんだ」

「もし、自分の商品が2倍の値で売れるとしたら、そうしない？」そう聞いたのは、複雑な金融商品を開発している別の専門家だ。クライアントに充分な知識がある限り、それが正当な取引だし、クライアントが自分でリスクに責任を持つことは重要な原則だと彼は考えていた。「買い手自身が隅々まで条件を読まなくちゃならない。こうした商品を買うまえに、必ず弁護士を呼んで、説明してもらう必要がある」まったく皮肉ではなく、彼はこう警告した。「そうしないと、売り手に有利だから」

もちろん、〝現実の世界〟では、買い手はさまざまな消費者保護法で守られている。たとえば、欠陥商品や間違って買ってしまったものを返品できるし、特定の商品には保証をつけてもらえるし、通信販売で買ったものには〝クーリングオフ〟の期間が設けられている。でも金融の世界では、〝買い手責任〟または〝売り手有利〟が至極当然で、プロ同士の間ではそれが法的な原則として広く受け入れられている。取材相手に倫理的にはどうなのかと僕があえて聞いてみると、その根底にある原則が浮かび上がってきた。その原則とは、〝倫理の排除〟、つまり善悪の判断をしないということだ。わかってほしいのは、〝倫理の排除〟は〝モラルがないこと〟とは違うという点だ。〝善〟か〝悪〟かを意思決定の材料にしないという意味だ。シティでは、ある提案が道徳的に正しいか正しくないかを問わない。ただし〝評判リスク〟がどのくらい大きいかは考える。大企業や富裕層が税制の抜け穴を利用するのは、〝効率的な仕組み〟を使った〝節税〟だ。企業の提案に乗ってくれる金融弁護士や官僚は〝ビジネス寄り〟だし、詐欺や濫用が見つかった事例は〝販売方法のミス〟で、2国間の規制の不一致に付け込むのは〝規制のアービトラージ（さや取り）〟だ。

　耳をすませば、そんな例はごまんとある。金融の人たちが自分たちの行いについて語ったり考えたりするときの言葉は、倫理を問う議論の余地をすっかり取り去るようなものだ。だから、〝プロらしい〟と言われることがシティでは最高の褒め言葉になる。つまり、感情に流されず、倫理にも邪魔されない。感情や倫理は家庭で使えばいい。仕事の場で〝倫理〟に触れるとしたら、それは上司への完全な服従を語るときだけだ。

　〝善悪の判断をしない〟という金融の文化に馴染むのに、時間がかかったと言う人もいる。「もし道徳的な判断に基づいて意見を言ったら、エイリアンみたいに見られるだろう」と言う元バンカーもいたし、ある金融商品の社会的な意義を訊ねたら〝社会主義者〟のレッテルを貼られたと言うコンプライアンス担当者もいた。だが、僕がインタビューした人のほとんどは、この業界のロジックを当たり前に捉えていたし、採用と解雇の文化についてもそんなものだと思っているようだった。この業界はそういう世界だ、ってことだ。

そう考えると、ここ数十年のスキャンダルと暴落のパターンがもっともに思えてきた。金利と通貨の激しい変動（ボラティリティ）に対応するため、1970年代に開発された金融商品がどうなったかを考えてみるといい。企業、組織、年金基金はこうした市場変動によって大きな損失を被る可能性があったため、投資銀行はクライアントが身を守れるようにデリバティブを発明し、大きく発展させた。デリバティブは経済にも社会全体にも役立つ、優れたアイデアだった。だが20年後にどうなっただろう？　イギリスの投資銀行ベアリングスは、無鉄砲なトレーダーによる博打のような投機を放置し、破たんに追いやられた。彼が取引していたのは、高度な通貨デリバティブだった。

もうひとつ、例を挙げよう。企業や政府が破たんするということは、投資家がカネを失うということだ。あるクオンツの集団が、さまざまな破たんから身を守る保険を開発した。クレジット・デフォルト・スワップ、いわゆるCDSだ。これもまた、優れたアイデアだった。でも、10年後、CDSを利用した超複雑な商品が新聞の1面を飾ることになる。この商品が2008年の金融危機の引き金となったからだ。

最後に、住宅ローンについて。住宅ローンは昔からあるし、年金基金やその他の長期投資家にとって理想的な投資にもなる。でも、年金基金が個人の住宅ローンを買い取ることはない。1990年代のはじめに、あるクオンツの集団が、たくさんの住宅ローンをひとまとめにして年金基金が投資できる商品にした。またまたこれも、素晴らしく賢いアイデアだった。でもそれから15年後に、この商品とそれを基にした超複雑なデリバティブ商品が、リーマン・ブラザーズとその他の金融機関を破たんに追いやった。現実の問題を解決してくれる、価値ある金融商品が、どうして何度も繰り返し破たんして、空中分解してしまうんだろう？

金融業界は巨大だし、数多くの要因が同時に動いている。複数の大陸と数十年にもわたるそうした複雑なできごとの原因を、ひとつに絞りこむのは不可能だ。それでも背後には、同じテーマがつねに流れている。それは〝倫理の排除〟だ。莫大な利益を生む複雑な金融商品が新たに開発されて、それが不透明であっても法律に違反していないなら、社内外でだれがそれを止められるだろう？　シティは何世紀にもわたって〝私の言葉に二言はない〟という原則に基づいて成り立っていたし、それがいまだにロンドン証券取引所のモットーでもある。でもその背後にある文化は原形をとどめないほど変わった。乱暴なバンカーの口調がこの新しい秩序を象徴している。クライアントを「操り人形」と呼ぶことで、相手との距離ができ、「顔を剥ぐ」ことへの抵抗も薄れる。「ファック」と口にすることが、倫理の排除の精神を身に着けたことの証明になる。

＊
＊＊

グローバル金融の世界にようこそ。僕は、インタビューの相手に倫理の排除について訊ね、議論をふっかけ始めた。彼らの反論の根拠は主に3つあった。

まず、僕が話したほとんどすべての相手はこう言った。倫理の排除は両方向に働く。確かに、利益が唯一の評価基準で、どう稼ぐかは重要じゃない。それでも、法の範囲内で稼いでいる。組織の原則は〝倫理の排除〟であって〝不道徳〟じゃない。法の文言に沿うことで、シティはある面、すごく進歩的になり仲間意識は薄れていった。

金融や投資の歴史を知る人やかつてのベテランなら、〝私の言葉に二言はない〟の時代はよかったと言うだろう。シティはずっと小さく、クライアントの数も少なく、人づきあいも密だった。だれかを騙せば、自分に返ってきたし、それがいい点だった。でも、人づきあいが狭く密だったせいで、クリスチャンの中流階級以上の異性愛者の白人が金融を支配し、女性やユダヤ人やゲイや労働者階級はそこから締め出されていた。

1996年に出版されたインタビュー集『シティ・ライブズ』（City Lives）で、有名バンカーや金融界の大物が20世紀のシティを振り返っている。ひと世代前のあからさまな反ユダヤ主義、男尊女卑、上流主義、ゲイへの偏見がそこで語られていた。1930年生まれのジョージ・ニーセンが、スミス商会が新市場に参入してきたときのことを語る言葉に、それが表れている。

「スミス商会はユダヤ系で、あくどいと見られていた。スミス商会と商売をするときは、普段よりも慎重にならなくちゃいかんと思われていたんだ」

マイケル・ベレイは1912年生まれで、シュローダー銀行を長年経営した。「私が知っていた唯一のゲイのバンカーは、実際、信頼ならない男だった。そのことが頭に残っているね。あいつらは信頼ならん仲介人だ。頼りにはできない。何を考えてるかわからないんだ。そして、あとになって同性愛者だとわかる」

それがひと昔前のシティだった。今では違う。差別は法律で禁じられ、投資銀行でもタブーだ。南米出身だがオランダ国籍の男性は、こう言っていた。「オランダでは、僕は永遠に〝アロシュトゥン〟（白人のオランダ人がそれ以外の人間を指すときの言葉）なんだ。でもシティではだれも僕の肌の色に気づいてさえいないみたいだ」トルコ人の祖父母を持つドイツ人も、アルジェリア人の祖父母を持つフランス人も、同じように言っていた。若いイスラム系イギリス人は、数週間前に大学院卒で採用されたばかりで、ヒジャブを脱いでいた。「ものの見方が変わったわ」仕事は好きになれないけれど、全員が寛容で人種の壁がないことに驚いていた。「シティは本当に驚くほど寛容だわ。すごく面白い。私にいろいろ聞いてくれる。ヒジャブのこともすごく理解してくれてる。握手できるの？　なんて聞いてくれたりね。ヨーロッパ大陸とはまったく違って、優しいわ」

僕がたまたま運のいい人に出会ったのかもしれないけれど、取材したマイノリティの中であからさまな差別を受けたという人はだれもいなかった。もちろん社会のほかの場所と同じように、金融にもガラスの天井はあるけれど、証券仲介部門の2人の女性はそれぞれ、バンカーとの仕事は、たとえば仲間のブローカーやクライアントよりも、やりやすいと言っていた。「大手投資銀行は多様性《ダイバーシティ》を企業ポリシーにしてるから、異性愛者の白人男性ばかりがいるわけじゃない」とひとりは言っていた。もうひとりは、「バンカーは訴えられると困るから、男尊女卑みたいなことは口にしないわ」と説明した。あるバックオフィスの女性は、自分の会社が「女性蔑視と人種差別に関する法律を完全に理解している」と言っていた。「すごく必死に努力してるように見える。いつもなんらかの対策があったり、妊娠中の女性スタッフを支援するワークショップがあったり。ある週は〝ダイバーシティ・ウィーク〟で、その次の週は〝なんとかかんとかウィーク〟だったり……いろいろあるのよ」

〝倫理の排除〟によって平等な競争が確保される、と言う人もいた。それに、金融機関はほかにやりようがないでしょう、とも言っていた。それが次の主張につながる。〝倫理の排除〟は組織原則として社員に課せられ、リターンだけを求める株主によって強化される。ここでのキーワードは〝株主価値〟だ。上場企業はすべて、このひとつの基準によって評価されなければならない。所有者、つまり株主のために生み出した価値が何よりも大切になる。くだんのロックンロール・トレーダーは、ほんの数行でその制約を見事に表してくれた。「たとえば、もし自分がモルガン・スタンレーの株を保有している年金基金の人間だったとして、ゴールドマン・サックスのほうが5割も利益が高かったら、気に入らないだろう。投資家としては最悪だ。だからモルガン・スタンレーを、『18か月で改善しないと株を売るぞ』って脅かすんだ」

このロジックが、今度はその金融機関の上から下に流れ込む。CEOの下にはそれぞれの部門や地域を統括するグローバルヘッドがいる。「で、グローバルヘッドはこう思うわけだ。18か月で何億ドルかの利益を出さないとクビになる。『それは向こう5年くらいは無理ですね』なんて言える人間はいない。市場は結果を求める。金融機関だけじゃなくほかのすべての会社からね」

「毎年売上を伸ばすことを求められる」世界的に評判の高かった告白的なドキュメンタリー『マスター・オブ・ザ・ユニバース』の中で、元バンカーのレイナー・ボスはそう語っていた。「状況が変わったとか、ある市場ではもう儲けられなくなったとか、それがこの年に限ったことか構造的に変わったのかとか、そういうことは経営陣はどうでもいいんだ。毎年1割売上を伸ばす。どうやるかは気にしない」

上場企業はいずれも、この考え方と無縁ではいられない。これが3つ目の主張につながる。金融機関は世界中のほかの大企業と何も変わらない、ということだ。金融以外の多国籍企業で働く読者たちの多くもまた、僕がブログに書いているような行いやメンタリティは彼らに共通するものだ、とメールで教えてくれた。言葉遣いさえ、ほとんど同じだと言う。

30代前半の男性は、多国籍消費財メーカーから、オックスファムの貧困対策部門に転職した。有名企業の高給な仕事をどうして辞めたのかと聞いてみた。「ものすごく競争が激しくて、ライバルを叩きつぶすことばかり考えてる。商品の売上を伸ばすことだけが重要で、シャンプーがもっと売れるようにワンプッシュでもっと分量が出るようなボトルのデザインを考えたりとか。そういうミッションがいいと思えなかった」

世界的なソフトウェア企業に長年勤めていた人は、ある週末に営業部門の全員が世界中から集まる、ラスベガスでのイベントの様子を話してくれた。「売上ナンバーワンの営業マンが壇上に呼ばれて表彰されるんだ。でもそのまえに10分のビデオを見せられて、そこで男が前に出て声をあげ始めた。『ライバルA社の皮をひんむいてやるぞ!!』そこでみんながこぶしを突き上げて『そうだ!』なんて叫ぶ。するとまた男が『B社をファックするぞ』と叫ぶと、みんなが『そうだ!』ってやるんだ」

⁂

現実世界へようこそ、なんてインベストメント・バンカーに僕がからかわれることもあった。シティではどんな人間関係も取引みたいに扱われることを、僕はなかなか理解できずにいたからだ。

バンカーが、自分自身を扱うのと同じように、あるいは自分の勤める会社やその株主から扱われるのと同じように、クライアントも扱っているのだと気づくまでにしばらく時間がかかったが、そう思うとすべてが納得できた。

あのワイン通の人事部のマネジャーは1日で5パーセントの〝頭数減らし〟を発表する場にいた。これもまた、突然の一斉解雇を表す言葉だ。ロジックは鉄壁。コストが下がれば利益が上がり、株式価値も上がる。

ここでは全員が自分のためだけに生きている、と多くの人が肩をすくめながら言う。「ありえないような話もたくさんあるわ。どこにいても無理やり仕事に引っ張り出されるの。トイレでも、病院でも、休暇中でもね」と言うのは、元広報担当者だ。「朝の2時にニューヨークの上司から電話がかかってきたりする。『あれを送って、今すぐ！』みたいな感じで。もう送りましたって言うと、『ごちゃごちゃ言わずにまた送れ！』って命令されたわ」社員はやり方でなく結果で判断されるので、「いちばん押しの強い人間がだれよりも成功する」らしい。その広報の女性も、上に登っていく人を見てきた。「みんな人間らしくありたいって言うわ。でもそれができる人は、上には登れない。人が変わっちゃうこともある。一晩でね。金曜は人間らしかったのに、月曜になると叫んだり怒鳴り散らしてる。私が辞めるとき、周りからは『やっと本当の人間のいる現実の世界に戻れるね』って言われたわ。投資銀行にいるのは本当の人間じゃないってことね。あそこより悪い投資銀行もある」

投資銀行は人間を燃やしつくす、と彼女は淡々と言った。「それなりのロジックがあるの。もしそのペースや文化に慣れなかったら、あそこでは続かない。それがわからなくて、ずっと怒りを引きずってる人もいる。ハッピーに辞めて別のことを始める人もいる。レストランを開いたり、民宿をやったり、世界中を航海したりね」

⁂

シティで働く人たちは、それでいいんだろうか？　僕が話した人たちは、もし会社が自分たちをもう少しマシに扱ってくれるなら、給料が少しばかり低くてもいいと言っていた。でも、特にフロントオフィスの人たちは、ほぼ異口同音に、世の中ってのはそういうもんだ、っていう調子だった。熱に耐えられないなら、厨房に入るなということだ。

金融の中の人たちは、この論理を自分のものにしているようだった。心理学で言う、内在化だ。グレッグ・スミスがあのニューヨーク・タイムズの衝撃的な記事から6か月後に出版したゴールドマン・サックスの本を読めば、それがどのくらい深く浸透しているかがよくわかる。

スミスは、こんなふうに書いていた。ゴールドマン・サックスが販売しているようなデリバティブ商品は、クライアントに莫大な利益をもたらす可能性もあるが、短期間で莫大な損失を生む可能性もある。問題は、契約書の最後についている、10ページにもわたってびっしりと書かれた免責条項の中に、損失への警告が埋もれていることだ。ほとんどのクライアントは、僕たちがiTunesで音楽を買うまえに購入ボタンをクリックするときと同じくらいにしか、この文章に注意を払わない。

スミスは、次のような比喩を使って説明した。ツナ缶を買って、中身がドッグフードだったとしよう。なんて汚いやり方だろう。缶の表にツナって表示されてたじゃないか？　ツナ缶のラベルに貼ってある文章を読むと、「ドッグフードが含まれる場合もあります」と書いてある。イタリア政府とギリシャ政府、リビアのソブリンファンド、アラバマ州と「その他多くの基金や財団」が、ここ数年間に、ゴールドマン・サックスが製造したツナ缶にドッグフードが入っていたことを発見した、とスミスは書いていた。これはものすごい儲けになったという。なぜなら、さきほどのリストは、「質問のし方を知らないクライアント」だからだ。彼がいたころ、ゴールドマン・サックスには手数料金額でトップの顧客のリストがあった。「手数料のトップ25に、世界的なチャリティや慈善団体や教員退職年金基金の名前があったのを見て、ビビってしまった」とスミスは書いていた。

「もうこれ以上は無理だと思った」スミスは「僕がゴールドマン・サックスを辞めた理由」の最終章でこう書いていた。「何年もまえ、僕たちはギリシャに債務をヘッジするようなデリバティブ取引をアドバイスした。今、ギリシャは破たん寸前で、僕たちはその混乱に乗じて利益を得るようヘッジファンドを誘導し、チャイニーズウォールの反対側では、インベストメント・バンカーが欧州政府と、この混乱を収拾する方法をアドバイスする契約を結ぼうとしている」

だからスミスは仕事を辞め、内部告発の道を選んだ。大変なことだ。だれかが名乗り出て、告白したんだから。でも業界内の反応は、ほっとしたか、そうでなければむしろ退屈、といった程度だった。スミスが告発した取引は、瑕疵《かし》免責のついた完璧に合法な手法だったからだ。

金融メディアの多くは同じ論調で、言い訳が必要なのはゴールドマン・サックスではなくグレッグ・スミスの方だと書いた。ニューヨーク・タイムズの有名金融ジャーナリストのアンドリュー・ロス・ソーキンは、いまさらながらニューヨーク・タイムズはスミスの原稿をそもそも掲載すべきでなかったと述べた。本は退屈で「新しいことは特にない」と、ソーキンはテレビで発言していた。

僕にとってショッキングだったのは、業界の中でこのことにショックを受けた人がほとんどいなかったことだった。

7

霧の中の島

「どんな仕事にも、くそったれやアホがいる。ジャーナリズムだってそうだ。一握りのヤツらのふるまいが金融全体に泥をぬってる。魔女狩りだよ。〝バンカー〟を〝ユダヤ人〟に置き換えてみりゃわかる。金融で働いてる人間の大部分は、まともで誠実だし、普通に正直に仕事をしてる。金融業界には、くそったれやアホやペテン師やバカ野郎が雑草みたいにパッと生えてくる。だから、君のブログの登場人物だけじゃ全体像は描けないんだよ。あいつらは、抜かれちまった雑草じゃないか?」

この手の批判を、ほぼ毎回インタビューのたびに受けた。そう批判するのはいつもいわゆるインサイダーを自称する人たちで、僕のブログは左翼の読者を喜ばせようとするガーディアンの安っぽい仕掛けだと言う人も多かった。もちろん、僕自身も、クビ覚悟でインタビューに答える人たちが信頼できるのか、金融全体を代表しているのかは、心配なところだった。社会学の言葉を使えば、〝選択バイアス〟がかかっていないかと懸念していた。

インタビュー相手の身元は、リンクトインなどのソーシャルメディアを使えば、わりと簡単に確認できた。でも、彼らの話が信頼できるかどうかはまた別の話で、当たり前だが、彼らが働いているところを観察することはできなかった。でも、彼らの話に出てきた重要なポイントには、裏付けがある。買い手がリスクを負担するという原則があること、雇用の保障がまったくないこと、〝大きすぎて潰せない〟という危険なロジック、そして株式上場の意味とプレッシャー。こうした利益相反と逆インセンティブは実際に存在するし、もし僕がインタビューした人たち全員が妄想過多だったとしても、その事実に変わりはない。

ブログのための調査を始めて1年がたち、僕は探偵のような気分になってきた。最初は〝だれがやったか〟と〝なぜやったか〟を探ったが、探偵は警察の調書に書いてある動機を超えたものを見る。〝どうやったか〟ということだ。金融機関のどこに、合法であっても非合法であっても、不正の隙があるのか？　今の金融機関の構造の何が、不正を招きやすくしているのだろう？

この質問はあまりにも漠然としているので、言葉を換えることにした。大手投資銀行やメガバンクが、あの金融危機以来何度も訴えているように、真剣に根底から文化を変えるつもりがあるとして、経営陣が組織をしっかり掌握してそうした変化を起こすことなんて、本当にできるんだろうか？

僕の話した相手の多くは、日々の仕事の中でその難しさに苦しんでいたし、当然ながら会話のトピックは、この10年間に〝クオンツ〟たちが金融の世界にもたらした複雑で深い変化に移った。

ミドルオフィスでは、クオンツの人間がリスクを計算し中立化（ヘッジ）するためのモデルを開発し管理している。今回の金融危機で中心的な役割を果たしたのは、数学や物理学や生物学を専攻した天才たちだった。そんなクオンツの代表格とも言えるのが、エマニュエル・ダーマンだ。AT&Tのベル研に物理学者として数年間所属したあと、1985年にダーマンはゴールドマン・サックスに入社した。ベストセラーになった『物理学者、ウォール街を往く。』（東洋経済新報社）に、ダーマンはこう書いている。「物理学では神を相手に闘う。金融では神の創造物を相手に闘う」

シティの現状を理解しようと思ったら、金融セクター全体に広がる複雑性を知るべきだと多くの人が言っていた。幸運にも、僕と話してくれるクオンツを見つけた。その中でも、とりわけ目立ったのは4人だ。

最初に会ったクオンツは、ヘッジファンドで〝高頻度取引（HFT）〟をしていた。シティのど真ん中にある、地下鉄のバンク駅近くのカフェで待ち合わせた。彼は35歳くらいでジーンズとTシャツ姿だった。コンピュータ・プログラマーだから、クライアントに会うことはない。「株価の動きは波と同じなんだ」コーラを飲みながら、彼が説明してくれた。「うちの会社はいい波を見つけようとしてるサーファーみたいなもので、一瞬その波に乗ったら、それが崩れるまえにすぐ降りる」彼のコンピュータは日に数千回も同じ株式を売買する。保有するのは一瞬だけ、時にはミリ秒のこともある。物心ついたときから、数学に魅せられていた、とコーラをお代わりした彼はそういった。その精緻さと美しさに引き込まれるそうだ。「答えが正解か不正解かしかないのが、好きなんだ。僕にとっては、相関と近似がすべてのこの領域にいるのは、実はすごく皮肉なことだ」

すごくラッキーだと思う、とうれしそうに続けた。「100年前だったら、数学オタクの自分に何ができただろう？ 100年後なら？ このスキルが重宝されるのは、今しかない。そして、僕にはそのスキルがある」高頻度取引は、人間でなくコンピュータだからこそできる、と彼は教えてくれた。「人間が大勢束になっても、コンピュータほどの大量の取引を世界中の株式市場で同時に行うのは不可能だ。これ自体がすごく新しいことなんだ」

「これ自体が新しいこと」というフレーズは、金融のほかの分野でもよく聞く。ふたり目のクオンツはそんな新しい領域の仕事をしていた。40代後半で、地味な身なりのその男性は、手が壊れるかと思うほど強く握手をした。カナリーワーフで待ち合わせ、一緒に昼食を取ることにした。今度はパスタだ。金融ソフトの会社に移るまえ、大手投資銀行で10年以上働いていた。どんな仕事ですかと聞くと、一言「クオンツ」と答えた。クオンツの人は、たとえば僕みたいな人間とどこが違うか教えてもらえますかと聞いた。彼はにやりと笑った。「窓の外に3艘のボートが川を下っているのが見えると、どうすれば衝突を防げるか、どの船がいつどこでどっちの船のそばを通り抜けるかを、自動的に頭の中で計算してしまう。車を運転しているときには、車線を変えまくって妻を死ぬほどイライラさせてしまう。妻は私と違ってほかの車の速度と方向が計算できないからね」

今は、不正な取引を見つけるための「自己学習アルゴリズム」を開発中だ。「たとえば、金曜の午後1時にロンドンで君が奥さんに30ポンドの花束を買うとしよう。次の金曜にも同じことをすると、これがいつものカード利用のパターンだということをモデルが理解しはじめる。その2分後に突然モザンビークでATMから3000ポンドが引き出されたら、モデルは警告を発する。カードの所有者は安心できるし、金融機関は損失を防げる。金融機関の不正摘発チームがそれを追いかければ、不正にカード情報を手に入れた人物を警察に引き渡せるかもしれない。みんなが得をする」

彼が以前働いていた、投資銀行のトレーディングフロアでの仕事について聞いてみた。「トレーダーは現代の戦士だよ」しばらく考えてそう言った。「彼らは外に出て闘う。エゴの塊さ。パリッとしたスーツでかっこよく決めて……私たちクオンツは彼らトレーダーの頭脳だ。私たちのモデルがトレーダーの取れるリスクを決めるし、どの瞬間のどんな取引でも、どれくらいのリスク量があるのかを計算している」

でも楽しくはなかった、と彼は言った。「あそこで成功できるほど、私はクソ野郎になれない。1000人のヴァイスプレジデントが10席しかないマネージングディレクターの椅子を奪い合うんだ。勝つためならみんな手段を選ばない。陰口、裏切り、なんでもありだ。それでなくても人づきあいが苦手な私みたいな人間にとって、人脈づくりは地獄みたいなものだ」

彼は博士号を取ったあと、ジュネーブの欧州原子核研究機構（CERN）で大型ハドロン衝突型加速器の研究員として働いた。「当時の仲間はまだ大学で研究をしたり、教授や研究員への道を頑張って登ろうとしているよ。私と同じくらい驚くほど長時間労働だけど、給料は金融に比べればスズメの涙だ。純粋な科学の立場から見ると、彼らは本当に興味深い仕事をしている。私は半分冗談で、『カネで魂を売った』なんて言ってる。年収はボーナスを入れて20万ポンドを少し超えるくらいだ」

彼は「仕事のせいで結婚を棒にふり」、数年前に精神科にかかったと明かした。当時は、「心を落ち着けるため」に大量の安定剤を飲んでいた。軽いアスペルガー症候群で、大人になってから初めてそれがわかり、さまざまなことが特に難しくなったと言う。「気が休まるときがないんだ。すべてが数字で解明できる世界に留まっていたくなる」

しゃべりながら大急ぎでパスタを口に運んでいたのですぐに食べ物はなくなり、初めて沈黙が訪れた。それから、少し自虐的にこう言った。「自分の行く末がわかるよ。ほら、よく見かけるような、独居老人さ。親切で、田舎のデカい家に住んで、たくさん犬を飼って、カネには困らないけれど、独りぼっちの変な男」

クオンツの中でもアスペルガー症候群の人とそうでない人の違いは、インタビューでもたびたび話題になった。アスペルガー症候群のクオンツは、金融の危険な波の中に沈んでしまいがちだった。ある寒い朝、僕は別のクオンツの人と待ち合わせた。彼が人とのコミュニケーションに問題を抱えているのは明らかだった。あらかじめメールで決めておいたスターバックスで待っていると、突然男が近づいてきてこう言った。「待ち合わせてましたよね、ね。あの、僕すごく早口で軽いアスペルガーなんだよね。人の表情とか行間とか読むの苦手なんで。もしわかんないことがあったら、そう言ってもらえる？　いい？」

僕はふいを突かれて何も言えず、ただうなずいた。すぐに、その行為が彼が警告したはずの間違いだったと気づいて、やっとこう口に出した。「わかりました。ありがとう」

彼は30歳前後で、貧乏なアジア系移民の息子で、スーツはその日着ていたものしか持っていないと言い張った。数学が得意だったので奨学金をもらって名門高校に入り、そこから名門大学に入った。「退屈だった」謙遜もせず、次々と自分の優秀さを挙げて、仕事を説明した。「自信のなさとは無縁なんだ」投資銀行で数年過ごしたあと、少し小さめの金融機関に入り、ストラテジストとして投資家に市場の「全体像」をアドバイスしていた。「たとえば、ストラテジストとして、アメリカ全体の平均賃金上昇率を見るとしよう。それがほとんど変わってなかったとする。次に消費を見ると毎年伸びている。どうしてだろう？　答えは借金だ。そんなことが長続きするだろうか？　しない。収入以上の生活を永遠に送ることはできない。そして次の疑問。これはもう市場に反映されているだろうか？　つまり、これが長続きしないことが、価格に織り込まれているだろうか、ということだ。答えは、まだ。これほど大幅な下落のあとでも、まだ織り込まれていない。それから過去の例を調べてみる。ある国が持続可能な軌道に戻るまでにどんな過程をたどるか、また、それはどれほどの痛みを伴うか、ということだ」

この仕事をしていると謙虚さを学ぶ、と彼は言った。ちょっとまえにある会社が優れたレポートを出して、その5ページ目にこう書いていたらしい。「このページを破って私たちに送ってくれた方に50ポンド差し上げます」最終的にその会社が支払った金額は、たった250ポンドだった。ほとんどのクライアントは5ページまで読まなかったわけだ。投資家は毎日情報に埋もれているから。

「しゃべるの早すぎる？」彼が突然聞いた。でもすぐにまたマシンガンのように話しはじめた。どの話も細かくて、僕はノートを取りきれないほどだった。起きている間は基本的にずっと働いてるんだ、と彼は続けた。「いつも何か読んでる。妻には怒られるけど。でもまだ愛想はつかされてないんで。この仕事が楽しくて仕方ない。世界がどう動いているかを理解し、だれかがそれを理解するのを助ける仕事だから。これより楽しい仕事なんてある?」
投資銀行では50万ポンド近くの年収があったけれど、自発的に辞めて、年収はかなり下がったらしい。金融機関のお気楽さは問題だ、と彼は言っていた。２００８年の金融危機のあと、構造的な改革は何も行われていないとも言い切っていた。昔の借金を返すために新しい借金をしただけだ。「二日酔いを迎え酒でまぎらせるのと同じことだよ。肝臓こわしちゃう。今それが起きてるんだ」彼は先行きを心配していた。それが彼の会社にとって問題だということだ。「景気が悪くなると投資家に言えば、投資家は自分たちのカネを安全で頼れるものに移すだろう。たとえば現金に換えるとか。でも現金の取引や管理じゃ手数料はもらえない。もっとリスクの高い商品を買えとも説得できないしね」だから、僕は辞めたことを後悔してない、と言っていた。投資銀行で昇進する「4人のうち3人は、仕事ができるかよりも人脈があるかどうかで決まる」と彼は信じていた。「僕はその点最悪なんだ。大勢の人の前で話すのは問題ないけど、一対一だとすごくもじもじしてしまって。努力はしてるけど、どうでもいいおしゃべりで場を持たせるとかできない。それに、酒も飲まないし」

アスペルガー症候群のクオンツはみんな同じことを言っていた。僕たちような人間は投資銀行で生き残れない、と。でもアスペルガー症候群を持っていないクオンツにとって、金融の世界は夢の国だ。僕が〝天才クオンツ〟と呼んでる人物は、その最たる例だ。彼は大手投資銀行のシニア・マネージング・ディレクターとして長年億単位の報酬を稼ぎつづけ、その後さらに稼ぎのいいヘッジファンドに移っていた。僕のようなクオンツはオタク中のオタクさ、と言っていた。「そう言われても平気なんだ。もう慣れたから。同性愛者を〝おカマ〟、ジャーナリストを〝マスゴミ〟なんて呼ぶのと同じ。10年前のほうがはるかにバカにされていた。今は持ち上げられてる。今の金融はテクノロジーとデータがすべてだ。だからテクノロジーのわかる人間と、数学とデータが理解できる人間は、すごく、すごく稼げる」

1990年代のはじめに投資銀行に雇われるまえは、彼も大学で働いていた。投資銀行といえば、2冊の有名な本で読んだイメージしかなかった。『ライアーズ・ポーカー』と『野蛮な来訪者』（日本放送出版協会）だ。「トレーダーはおしゃべりで、粗野で口が悪くて、マッチョな悪ガキ。赤いマウスピースをつけて『買い！買い！売り！売り！』って電話に向かって叫びながらライバルを食いちぎってるイメージしかなかった」

外にいる人たちはいまだに、金融機関で大きなリスクを取って取引をする男たちに、同じようなイメージを持っているみたいだ、と彼は少し軽蔑したように言っていた。「もうそんな時代じゃない。最高のトレーダーの中には女性もいる。すごく冷静で知的で優秀だ。トレーディングは体力勝負じゃなくなったんだ。頭脳勝負だ。もちろん、トレーダーに必要な数学の能力は、ものすごく高等ってわけでもない。でも、この分野の本物のスキルが必要になることは確かだ」

オタクの復讐。成功したクオンツはそう言うかもしれない。子供時代は頭がよすぎて遊び場でのけ者になったかもしれないが、今ならその知性がカネとステータスをもたらしてくれる。そこに入れたクオンツは、世界の中に自分の居場所を見つけられたことに、ただほっとしているようだった。一方で古いタイプの男たちは苦労していた。昔なら、ブローカーはトレーダーに豪勢な夜の接待攻撃をかけて、仕事をもらっていた。「突然、24歳の数学オタクを接待するはめになったんだから」あるブローカーは頭を振りながらそう言っていた。「一番人気のクラブに連れて行って、最高のシャンパンを抜く。あのオタクたちときたら、大学でパーティーをやったこともなきゃ、ほとんど酒も飲めないし、女の子と付き合ったこともないみたいで……」

その場面を想像すると、笑える。でも、実はこれが深刻な話につながっている。コンプライアンスの担当者によると、急激に金融が複雑になったために、金融機関は3つの点で極めて脆弱になっているそうだ。管理不能、と言えなくもないくらいに。

まず、理解不足が広範囲に広がっていることだ。天才クオンツにわかることが、数学の専門家でない経営上層部の多くには、理解できない。「金融では、『これが真実だ』とか『これは確かだ』なんて言ってても仕事にならない。確率を話す。というか、確率で話をするべきなんだ。でもクオンツ以外の人たちは、確率や統計で考えない。たとえば、ポートフォリオのポジションを見て、明日は100分の1の確率で500万ポンドを失うと言ったとしよう」彼は僕の目をじっと見つめた。「今言ったこと、わかる？　100日のうち必ず1日は少なくとも500万ポンドの損失を出すってことだ。でも統計に慣れてない多くの人たちはそれを誤解して、500万ポンドを超える損失は出ないと思い込む。しかも、1000分の1とか、100万分の1とかじゃない確率でそれが起きるって言ってることが、理解できないんだ」

ロンドンの有名大学で金融数学を教え、クオンツとしても働いている教授は、彼の生徒の多くがシティの仕事に就いたと言っていた。たとえば、クオンツの集団が自分たちの立てたモデルに基づいて金融商品を開発したとしよう。そして経営上層部はクオンツでないとしよう。その場合、「経営上層部は何を開発しているか理解できてない。モデルの背後にある前提、未知の要素や不測の事態へのモデルの脆弱性、その商品の収益を予想するために使った過去10年のデータについて、上層部は正しい質問ができるだろうか？」しかも、ご存じのようにクオンツたちは、普通の人にわかりやすく説明することが苦手だ。軽度のアスペルガー症候群の場合もある。「上層部はこう思い込む。これはすごい。もし10年前にこれがあったらものすごく儲けられてたはずだって」

理解不足は危険だが、計算間違いのほうが恐ろしい。クオンツ自身にも何が起きているかを理解できない場合がある。僕がいちばんはじめに話をしたクオンツの男性がやっていた、高頻度取引を考えてみよう。「危機が起きて初めて、こうしたプログラムがどれほど奇妙で一時的なものかに気づかされる」以前にトレーディングフロアで働いていたコンプライアンス担当者はそう言っていた。「どうしたらいいんだろう？　高頻度取引のプログラムがやってることは、人間には見えない。あとになってやっとわかるんだ。そのときにはもう遅くて、影響が出たあとだ」

何かがうまくいかなくなると、最後の手段としてコンピュータの電源を抜くこともある、とそのコンプライアンス担当者は言った。「実際にそうなったこともある。このテクノロジーの時代にばかばかしいほど原始的だけど」

高頻度取引を中断するためにコンピュータの電源を抜いたのを見た、というバックオフィスやミドルオフィスのスタッフは多い。津波のあとも、大規模なテロ攻撃のあとも、ギリシャが突然デフォルトしそうになったときもそうだった。

電源をひっこ抜くのが間に合わなかったら？　2012年5月6日には、ほんの数分で株価が数百ポイントも下落した。例の〝フラッシュ・クラッシュ〟と呼ばれた事件だ。その後、暴落と同じくらいあっという間に、よくわからないまま株価が回復した。その間、金融の世界は恐怖で呆然としていた。金融の複雑さは、専門家をも無力にしてしまう、と言ったのはある大手銀行の〝仕組み債《ストラクチャー》〟のヘッドだった。30代半ばの男性で、少し落ち着きがなかったがよく笑い、この2年の調査の間に僕が出会った人の中でも、いちばん性格の良さそうなタイプだった。僕たちが昼食を一緒にしたのは、1月の曇った日だった。アルコール入りのシードルを飲もうかどうかと迷ったあげく、彼はアルコール抜きのジンジャービールとポークパイを注文した。「あのときは怖かった」2008年のリーマン・ブラザーズ破たん後の数か月だ。「時代が変わった、って感じだった。もうすべてが昔と同じじゃない。僕の部門だけでも損失は数億ポンドにのぼりそうだったし、会社全体だと数十億ポンド単位になりそうだった。だんだんリアルになってくるんだ。もしかしたら潰れるかもしれないってね。あそこでもう一度暴落してたら、うちの会社も持たなかっただろう」

彼の仕事は金融商品を売買するコンピュータプログラムを管理して、会社のリスクを軽減させることだった。2008年よりかなりまえから、フィナンシャル・タイムズは彼らのような人間を「F9モデルモンキー」と呼ぶようになっていた。プログラムを動作させるF9キーを押すだけで、アルゴリズムがパフォーマンスとポートフォリオの価値を教えてくれていたからだ。「モンキー」と呼んだのは、アルゴリズムが実際に何をしているのか理解せずに、ただキーを押すだけの人間もいることを指していた。

金融危機が起きて、フィナンシャル・タイムズの勘は正しかったとわかった。アルゴリズムを動かしていたモデルの前提は、2008年秋にはもう崩れていた。リーマンショック以前なら、彼のチームは毎日の利益と損失額をほとんど誤差なく頭の中でつねに把握できていた。それからF9キーを押して、それをシステムで確認すればよかった。「金融危機の間は、F9キーを押すと思いがけない数字が表れた。どうしてそれほど損が出るんだ、何が起きてるんだ、って感じだった」

昔は毎日の損益の報告を上に送ったら、それっきりだった。今ではロンドンで10人のリスクマネジャーが彼の報告書をつぶさにチェックし、親会社で20人を超える人間がチェックする。「ものすごいストレスだった。本社のリスクマネジャーが間違いを見つけたら大変だからね。もし何かあったら、僕じゃなくて役員会に直接話が行くから」

それより大きなストレスだったのは、社内のほとんどの人が彼らの商品を理解してなかったことだ。「社内の歯止めになるはずの、リスクとコンプライアンス担当者でさえも、わかってなかった。どうやって僕らを監視するかを、僕らが彼らに教えなくちゃならなかった」

組織の上層部は、自分の持ち場のことしかわかっていない。でも「緊急時にはそれじゃ足りない」と彼は言った。はるかに上の人間と電話で何時間も話すこともあった。「それで気がついたんだ。上の人たちはわかってないって。基本的なことを理解してなかったんだ。間違いを見つけることも、失敗したときにそれを正すことも、知識に基づいて判断を下すこともできない。それができるのは僕たちだけなのに、その僕は上の人と話をすることに貴重な時間を使ってる。その人たちの部下にも説明しなくちゃならなかった。僕がキレたのはそのときだ。上層部が理解していない質問を、部下に持たせて僕のところに送ってくる。だから、こう言った。『これじゃ何の役にも立ってない。もし質問がわからないっていうのなら、いいよ。僕がじっくり説明する。でも君たち自身が質問を理解できないのに、僕が答えをあげてもそれが何の役に立つんだ？』」

あの時期に、彼は人間の本質について貴重な教訓を得た。「みんな自分の尻ぬぐいに必死になってた。ある時点で、僕たちは解決策を思いついた。もう一度損を出すことにはなるが、そのあとはある程度管理の可能な状態に戻る。それを提案すると、あっさりと却下された」上層部はさらなる損失を認めたがらず、状況を悪化させて、結局はるかに大きな損失を出すことになってしまった。彼のチームがすべてをメールに記録しはじめたのは、このときだ。自分たちの責任を回避するためだった。「Xのミーティングで話し合ったように、これがチームの提案です。私は強くこれを推します……」上層部がその案を通さないことはわかっていたし、これらのメールは上層部のためのものではなかった。将来の捜査や検察による追及に備えて、メールを残しておいたのだ。

いい思い出はあるかと聞いてみた。「チーム精神」彼は即答した。「少数精鋭で、国籍もバラバラだった。それがシティってものだからね。控えめに言っても、知的でやりがいのある環境だった」彼自身が、破たんした商品を売買していなかったのもよかった。そうした商品のせいで会社もクライアントも巨額の損失を被った。でもその責任は感じずに済んだ。「僕がそれを売りつけたわけじゃないからね」

投資銀行を辞めたときの年収はボーナス込みで40万ポンドだった。18歳で入社して、バックオフィスから登ってきた人間としては悪くない稼ぎだ。「僕の高校で大学に行かなかったのは僕だけだ。僕には向いてなかった。この仕事にたまらなく惹かれたんだ。おカネのためじゃなかった。高校時代は、親からおこづかいあげるから勉強しろと言われた。でも結局しなかった」

彼の笑いはどこかぎこちなかった。「でも、会社はおカネをポンとくれたんだ。頼んでもないのにね。毎年ボーナスの時期になると、『約束より少し多く払おう。感謝の気持ちだ』なんて言ってくれた。そしてその次に『来年はいくらいくらを保証する』って言うんだ。僕は一度も上げてくれなんて言ってないのに。上げてくれなんて言えなかったよ。あんなにたくさんもらってたんだから」彼の報酬は金融危機の間でも大幅に上がっていた。不思議だったと彼も認めていた。「爆弾を解体できるのは僕だけだったんだ」

それでも、あのころは金融で働いていると知られると、居心地が悪かった。「僕の周りには金融の人間はいなかった。だれかが投資銀行について何か言うと、母はいつも僕のために言い訳しなくちゃいけないような気分になってた。友達は僕や妻に当たったよ。パーティーに行くと、バンカー嫌いの左翼の友達にさんざんコケにされた」

それから1年もたたないうちに、彼は会社を辞めた。今も「リハビリ」の最中だと言っていた。寝汗は出なくなったけれど、肌荒れは治らない。「ストレスのせいだ。祖父は働き者の牛乳配達員で、父は勤勉な警官だった。僕はただ金融業界で勤勉に働いてた。ただし、金融はカネになるってだけだ」

金融の複雑さは失敗や不正の範囲を広げることになった。2008年の金融危機の原因が結局そこに落ち着くのか、または壮大な誤解なのか、悪意があったのかなかったのかは今も熱い議論のタネだ。だけど、あるスキャンダルに関してはそんな議論の余地はない。〝ロンドンのクジラ〟と呼ばれたトレーダーの起こした不祥事だ。2012年の春、JPモルガンのロンドンオフィスに勤めるブルーノ・イクシルというトレーダーが、少人数のチームと共に62億ドルもの損失を出した。〝クジラ〟と呼ばれたのは、イクシルが取っていたリスクが巨額だったからだ。彼は自社の資本をリスクにさらしていた。

イクシルはロンドンにいたが、JPモルガンはアメリカの投資銀行だったので、上院の調査委員会がこの〝巨額損失〟を詳しく調査することになった。イクシルをアメリカに召喚することはできなかったが、JPモルガンの内部統制部門で働いていた社員は召喚された。

リスクに気づいた内部統制部門は、イクシルに説明を求めた。どう処理するつもりか？　答えは簡単だった。「直先スプレッドを売って、値下がりに備えてプロテクションを買い、インデックスを使って持ちのポジションに加え、特にデフォルトしそうな部分にはベリートランシェのリスクをロングしつつ、ラリーに備えてHYとクロスオーバーにプロテクションをつけ、そのポジションを売ってボラティリティで稼ぐ」

意味を説明してもらえないかね？　委員会のメンバーがJPモルガンのリスクマネジャーに

訊ねた。だれも説明できなかった。ＪＰモルガンは、リスクマネジメントでは世界一の投資銀行だと考えられている。事件を起こす前年のイクシルの報酬は７００万ドルだった。イクシルは法を破ったわけではなく、訴追されることもなかった。

ロンドンのクジラのせいでＪＰモルガンは多額の損失を出したが、複雑な金融商品のおかげで投資銀行が利益を得ていることも確かだ。財務に行き詰まった中小企業に債務返済のアドバイスをしている、企業再建の専門家とも話した。彼は、自分の会社が彼のクライアントに売りつけた金融商品の複雑さに、しょっちゅう驚かされていた。「謎解きみたいだった。何十種類もの金融商品や仕組み債を全部ほどいていかなくちゃならないんだ。こうした金融商品の多くは、クライアントに合わせて投資銀行が特別に作ったものだ。だから、クライアント企業の状況や特殊な要求に合うように作られている。問題は、中身がよくわからないということだ」

大企業は金融商品を理解したうえで買っている、と彼は言っていた。でも小さな会社は部分的にはわかっていたとしても、全体像は見えていない。「だから僕たちが入って、それを調べて説明する。すると経営陣は自分たちが買い入れたものの中身をやっと理解して、怒ったり不満を漏らしたりする。でも責任は彼らにあるし、彼らもそれを知っている。とはいえ、彼らがそうした商品を買うように、僕たちの営業マンが強く勧めていたことも事実だ」

中身を理解している人が少ないほど、誤解や間違いや不正の余地が広がる。もっと悪いことに、今の金融の世界では事故は一瞬で起きるし、とても高くつく。Ｆ９モデルモンキーやロンドンのクジラもそうだった。複雑な金融商品による損失は、無限に広がる可能性がある。ローンの貸出や株の購入の場合には、損失の上限が事前にわかっている。つまり、購入額が上限になる。だけど、複雑な金融商品は、補償の上限のない保険みたいなものだ。たとえば君が航空券を買うときに、翌年1月に原油が一定の基準価格より値上がりした場合、その基準価格との差額を支払う約束を航空会社と結んだとしよう。もしその日に原油がその基準価格よりも下だったら、保証料を払い戻してもらっておしまいだ。旅行保険みたいなもので、旅行者に問題が起きなければ何も支払う必要はない。でも原油価格が上がれば、君はカネを支払わなくちゃならない。原油価格が上がれば上がるほど、君の損失も増える。

ほぼすべての多国籍企業は上場しているので、株主価値を上げることがすべてに優先されるというバンカーの指摘は正しい。でも、たとえばシェル石油やマクドナルドなら、ある部門の数人の社員が数十億ドルもの損失を出すことは、ほとんどありえない。でも投資銀行では、それがいつでも起きうる。ドキュメンタリー映画『マスター・オブ・ザ・ユニバース』で、元バンカーのレイナー・ボスはこう言っている。「ひとりの社員がこれほどの損失を出せる業界は、ほかにないだろう」逆ピラミッドを思い浮かべてほしい。この危険な金融商品を開発し取引している人間は、上層部からはるか遠くに座っているわけだ。

⁂

ほんのひと握りの人たちが、複雑すぎてほとんど監視できないような行為によって、何十億ドルという損失を出す可能性があるのなら、内部統制部門はあらゆることに隅々まで目を光らせているのが当然だ。ただし、それはほぼ不可能なのだと取材を受けた人たちは言っていた。「CEOが社内のすべてのアルゴリズムを理解することはできませんし、取引するすべての商品を知り尽くすことは不可能です」と言うのは、大手金融機関の監査を終えたばかりの社外会計士だ。「CEOは部下から『ご心配なく。すべて掌握できてますから』と言われているんですよ」

社内監査の女性が、自社のCEOをかばう言い訳は、さらに問題だった。金融以外の仕事を見つけるのが難しいと言っていた、あの女性だ。彼女が働いていたメガバンクの財務報告部門は、「銀行のあらゆる部署から数字を引っ張ってきて」、四半期や年次の財務報告書を作る部門だ。「前月比や前年比の変化を見て、どうして収益が上がったのか、または下がったのかを理由づけするんです。それを、トップの経営陣に直接報告します」

彼女には、会計士や〝数字〟を担当する人たちに特有の冷静さと静かな自信があった。インタビューの間に何度か、自分の話は面白いのかと僕に聞いた。フロントオフィスのバンカーは自分の話など気にもかけないだろうけど、とも言った。もちろん、面白かった。

彼女は2つのメガバンクで働いた経験があった。その2行の文化はかなり違っていたけれど、最後には同じ疑問に行きつくのだと言う。「スキャンダルの責任をCEOに問えるのかしら？メガバンクの規模からいって、CEOに責任があるとすれば、間違った人間に権限を与えたことくらいでしょう。10万人もの社員をひとりのCEOが監督できるわけがないわ」

この銀行は1日に数百万件の取引を行っていて、それが毎日世界中で行われている。ローンのポートフォリオは巨大で、業務の幅は広く、性質も複雑さもそれぞれに異なっている。問題は抱えているリスクの量じゃないの、と彼女は言った。自分たちが何を持っているかをつねに把握してるかどうかってこと。「トレーダーは〝プロダクト統制部〟に取引の情報を回し、そこから業務部門の財務チームに情報が回り、そのあとに私たちに回る。層が幾重にも重なっているの」

このメガバンクには、商業銀行部門と投資銀行部門の両方があった。ここでも層が幾重にも重なり、彼女自身は実際にインベストメント・バンカーと接触することはなく、投資銀行部門の財務チームと連絡を取っていた。財務チームの人間はバンカーではなく会計士だし、投資銀行部門の財務チームは「はるかに秘密主義で『あなたは知らなくてもいい』という態度丸出しで、投資銀行のほうが上だってことを見せつけてたわ。彼らは特定の意図を持って、投資銀行部門の見られ方を操作しているようだった。ほとんどの企業では、全社の財務報告グループが部門別の財務チームの上にくるのにね。でも投資銀行部門が全社の利益の大半を稼いでる銀行もあって、そうなるとほかの部門はただのお飾りみたいになるの。私のチームの人たちも、投資銀行が相手だとビクビクして、きちんと数字を問い合わせることも躊躇してた。『恐れ多くて聞けない』って感じるのね。2008年の金融危機のまえ、私たちは投資銀行部門の数字の中身はほとんど理解できてなかった」

でも、あれから大きく変わった、と彼女は強調した。今では厳しいことを聞くだけの「力を与えられている」と感じていた。それでも、まだ同じ問題が残っている。「だれも金融機関の中身を本当に理解していない。中にいる人もそうよ。毎期、同じことをして、タイムテーブルを設定して、同じ結果を導いて、大丈夫、管理できてる、と銀行として言えることが私たちの役目よ。この銀行を理解して、その理解を数字で表すために私たちがいる。でも現実にはその反対なの。数字を集めて、それがきちんと集まってすべて正しく段階が踏めていたら、その結果は正当だと認められる。つまり正当化が私たちの仕事になってるわけ」

＊＊＊

財務大臣を務めた労働党のアリスター・ダーリングは、自伝『バック・フロム・ザ・ブリンク』(Back from the Brink) で、金融機関が「大きすぎて潰せない」こともあれば「大きすぎて救えない」こともある、とさらりと語っていた。ダーリングは金融危機の間に数多くの銀行を「救う」立場に立たされた。彼は、金融機関にはもうひとつの分類があると言う。それは「大きすぎて何が起きているかわからない」組織だ。

「大きすぎて管理できない」というフレーズは、業界内部の人たちが使う言葉で、なかでも金融機関のＩＴは、最も理解されていないがいちばん大切な部門だ。金融機関は、内部成長によってゆっくりと今の規模になったわけではない。世界中の金融機関との買収や合併によって、一気に規模が拡大した。その反面、ＩＴシステムへの投資はずっと不十分なままだった。ＩＴのような長期投資は短期利益を損なうからだ。多くの金融機関では、フロントとミドルとバックオフィスが別々のシステムで動き、国ごとにもシステムが違っている。年を経るごとにそれぞれのシステムが少しずつ進化し、あとから付け加えられてきた。ＩＴの専門家によれば、こうした無数のシステムに新しいプロダクトを統合するために〝つぎはぎ〟をしたり、〝その場しのぎ〟で切り抜けるという。取引や商品が正常に処理されないときには、とりあえずの応急処置で済ませる。そうしたシステムを全部動かすためのシステムが必要で、それを動かすためにまたその上にシステムが必要になり……これが延々と続くことになる。

「たいていの金融機関でも、企業や政府と同じくらいＩＴがクソなのを知ったら、あなたの読者はショックを受けるでしょうね」と言うのは、ソフトウェア会社で豊富な経験を持つ男性だ。「たまに、コンピュータの不具合を復旧中っていう会社がありますよね。だいたい、復旧に思ったより時間がかかるって知ってます？　でも時間がかかるのは復旧作業じゃないんです。何が問題かを見つけるのに時間がかかるんですよ。根本的な原因の分析がいつもいちばん大変なんです。完全な全体像を隅々までわかっている人がいないんです」

メガバンクのデータがいつか一斉に消えてしまったりするのではないかと、彼は本気で心配しているようだった。銀行の決済システムに頼っている会社はどうなる？「取り付け騒ぎどころじゃないくらい、大変なことになりますよ」彼の同僚は、インターネットバンキングの明細を全部プリントアウトして保管しているらしい。別のIT専門家にインタビューしたとき、そのことを話すと、彼はにやりと笑いを浮かべてこう言った。「自動化が始まった時代のシステムはもう寿命なんです。そこで、僕らにお呼びがかかるんですよ。銀行に行くと隅っこに座ってる初老の人に引き合わされるんです。『こちらがピーター。このシステムがわかる人間で、まだここに残っているのは彼だけなんです』」

ITの人たちは誇張したがるとIT以外のスタッフは言うけれど、システムがぐちゃぐちゃに入り組んでわかりにくくなっていることが巨大銀行の根本的な弱点だということは、だれにも異論はない。「みんな、銀行には超最先端のシステムがあって、ボタンを押せば必要なものがすべて出てくると思ってるだろうね。実際は、手計算なんてこともたくさんある。たとえばあるクライアントの最近の動向を見たいとしよう。どんな種類の取引をしているかとかね。その情報を手に入れるのは、意外に難しいんだ。いくつかのシステムに入って、あちこちからちょこちょことデータを引き出し、それを組み合わせて初めて全体像がわかる」と言うコンプライアンス担当者もいた。

あるコンサルタントはこうまで言っていた。「次の世界金融危機のきっかけは、ITの破たんからだな」

＊＊＊

今の形態の投資銀行とメガバンクが管理可能か、という問いへの答えを見つけるのは、大変な仕事だ。でも、インタビューを重ねるうちに、次々と起きるスキャンダルの根底に流れるロジックがだんだんとはっきり見えてきた。ブログを始めてすぐのころ、スイスの銀行UBSで、トレーダーのクウェク・アドボリによる20億ドルの損失が発覚した。ロンドンのクジラとは違って、アドボリは多くの法律やルールに違反した、いわゆる〝詐欺まがいのトレーダー〟だった。この手のスキャンダルは何年かに一度は起きている。なかでも有名なのは、イギリス人トレーダーのニック・リーソンが、1995年にたったひとりで数百年の歴史を持つベアリングスを破たんに追いやった事件と、フランス人トレーダーのジェローム・ケルヴィエルが、2008年にソシエテ・ジェネラルに49億ユーロの損失を与えた事件だ。検察は法廷で、アドボリを巨額のボーナスとステータスを追いかける身勝手な男として描いていた。金融は、欲深い怪物たちの博打の場だとよく言われる。でも中にいるスタッフや金融のプロに言わせると、それほど紋切り型じゃない。

「退屈な人もたくさんいますよ」と言うのは、不正取引の探知と防止を手助けする金融コンサルタントだ。「この仕事をうまくやろうと思ったら、本当に疑り深い探偵にならなくちゃいけないんです」彼女の会社には、尋問テクニックにたけた元警官もいるし、システムのわかるIT専門家もいるし、金融商品のわかる金融のプロもいる。彼女はそうしたチームを率いている。「プロジェクトごとにチームを組みます。クライアントのところに行き、問題を解決し、そこを離れ、次のプロジェクトに向かいます」不正トレーダーをかばうつもりはないけれど、と強調したうえで、トレーディングフロアは極めてマッチョな環境なのだと言う。

「男の子でいっぱいの遊び場みたいなものです。卵をぶつけ合ったりするようなね。そんな場所にトレーダーがいて、リスクを取って負けるわけです。自分にも、同僚にも、上司にもそれを認めることができない。そこでさらにリスクの大きな取引をすることで、最初の失敗を隠そうとする。それがまた失敗する」どこかの時点で内部統制の警報が鳴るはずだが、このトレーダーはシステムに精通している。彼自身がバックオフィス出身だからだ。そこで、あとですぐに負けを取り戻せると思いながら、とりあえず損失を隠す。取引の履歴を隠して、すべてがうまくいくことを願う。これがうまくいくこともあるけれど、たまに損失が膨らんで、隠せないところまできてしまう。

探偵のようなコンサルタントが、いつも金融機関の文化に目を向ける理由はそこにある。

「この会社は、社員が自ら手を挙げて、失敗しましたと自分から言えるような場所か？　そうしたら、拍手で迎えられるだろうか、それともバカにされるだろうか？　こう考えながら仕事をします。自分から間違ったと認めれば、バカを見るような金融機関もあります」

この問題に直接対処した人たちも、同じことを言っていた。不正取引は欲が原因ではない、と。それは絶望から来るもので、その金融機関の組織としてのあり方が、直接結果に結びついている。また、ニュースでは報道されないこともたくさんあるらしい。

トレーダーの損益を確認する業務部門のリスク担当者は、最近手当てしたばかりのシステムの穴について話してくれた。しかも、それはまだ完全に正されたわけではない。「トレーダーはみんないわゆる〝帳簿《ブック》〟をひとつ以上持ち、そこですべての取引を行う。でもトレーダーが辞めると、そのブックは普通はシステムに残る。だから、何年もまえに辞めたトレーダーのブックが何千と残っている。システムに精通した人間なら、取引を隠すこともできる。大手金融機関のトレーディング業務の規模と複雑さが、不正の機会を生み出しているんだ」

＊＊＊

一流大学卒の頭脳、おしゃれなロゴとウェブサイト、かっこいい肩書とメディアや議会の委員会での自信に満ちた態度から、金融機関はまるで軍隊か空港のように厳密に管理されているような印象を上手に作り上げている。効率のいいピラミッド型の階層を、命令と情報とフィードバックが上から下にきちんと流れる構造を想像するだろう。でも一皮むくと、逆インセンティブ、部門の壁、恐れの文化、解雇の不安とそれに伴う忠誠心のなさ、管理不可能な規模と複雑さがそこにあり、合理的に組織された命令構造ではないことがわかる。霧の中の孤島の集合体にそれぞれ傭兵がいるのが見えてくる。

こんな環境が生み出す誘惑は大きい。だれかがそんな誘惑に乗ってしまったとしても、それは腐ったリンゴが引き起こす不幸な事故なのか、それとも、もっと深い問題の症状なのか？今の形態の金融機関が、ただ機能不全だという証拠なのだろうか？

そして、僕はとうとう、２００８年の金融危機のきっかけの、かなり近くにいた人を見つけた。

8

“否認”の終わり

調査をしていると、バラバラだった情報があるとき突然ひとつの洞察に落とし込まれる瞬間がある。その瞬間がやってきたのは、ふたつの名高い投資銀行で働いた人物と、かなり長く話し込んでいたときだった。彼はあの2008年の金融危機で崩壊した債務担保証券、いわゆるCDOを組成し販売する部門で、まさに危機の最中に働いていていた。

その人物は40代で、腰の低い紳士だった。自分自身について「幸運にも金融に腰を落ち着けた大学中退者で、この仕事が好きだし能力もある。報酬がこれほど多くなくてもこの仕事をやるだろう」と語っていた。

ヨーロッパ大陸で生まれ育った彼は、富裕層のカネを運用する、プライベートバンキングでしばらく働いた。世紀の変わり目にメガバンクに雇われてロンドンに移り、金融商品を大手クライアントに売ることになった。

彼の指示で待ち合わせたホテルは、15年前に彼がその銀行への入社を決めたとき、銀行が準備してくれた宿だった。彼はそれ以来初めてここに戻り、懐かしそうに周りを眺めていた。若いころの自分に何を教えてあげたいですか？「さあ、どうだろう？ 楽しんで、かな？」

豪華なホテルだった。「入社前はスター扱いしてくれる。でも仕事を始めると大勢の中のひとりさ」最初にトレーディングフロアに出たときのことは、はっきりと憶えている。同じ金融でも、「クライアントに会うバンカー」とは、世界が違っていた。クライアント相手のバンカーは、高級スーツを身に着け高価な食事を取りアンティーク家具に囲まれている。一方のトレーディングフロアでは、何百人もがずらっとスクリーンの前に座っている。「工場だよ。コンピュータ、電話、金融データを映し出すブルームバーグの端末。それだけだ」これが金融マシンの心臓だ。彼はそう思った。

彼の銀行には、歯医者、医者、ドライクリーニング、旅行代理店、レストラン、ジムがあった。すべては社員の生産性を上げ、カネ儲けに集中させるためだ。トレーディングフロアには食べ物を乗せたワゴンがあり、お腹が空いても席を立たなくても済むようになっていた。靴磨きがフロアを歩き回って、数ポンドで靴を磨いていた。

彼は紅茶をかきまぜ、少し黙ったあとにこんな冗談を言った。「体重800ポンド（362キロ）のゴリラはどこに座る？ どこでも好きな場所さ。新入りは800ポンドのゴリラの正反対だ。

闘って居場所を勝ち取らなくちゃならない。みんな暇じゃない。新入りにかまう人間もいない。でも予算は達成しなくちゃならない。それだけのカネを稼がないと、放り出される」

その銀行は、同じ仕事にふたりを雇って、どちらが生き残るかを見ていた。彼はある特定のクライアント群をすべて任せてもらえるという約束で入社したのに、初日に行ってみるとすでに同じクライアント群を担当している人間が何人もいた。「同じクライアントには電話させてもらえなかった」しかも、彼を採用した上司は、彼が入ったのとほぼ同時にほかの投資銀行に行ってしまったので、彼は独りで自分を守るしかなかった。

深呼吸をして、自分にこう言った。「思ったより大変だぞ」そのうち、投資銀行で成功するコツは、自分の縄張りを決め、訴え、守ることにつきるとわかってきた。自分が売る商品という点でも、地域という点でもそうだ。でも、新入りのころには、何か目立つことをして縄張りを主張しないといけない、ということしかわからなかった。

ロンドンに来るまえは、CDOのことをほとんど知らなかった。プライベートバンカーとして信頼され、クライアントといい関係にあるという評判だけで雇われた。でも数字には強かったので、大急ぎで頭に詰め込んで、しばらくするとだいたい把握できた。あるクライアントの投資ポートフォリオが、特定のリスクに弱いことがわかった。〝ハイブリッド・シンセティックCDO〟が、そのリスクを保護してくれるかもしれない。

これを仕組《ストラクチャー》み債の人間に訊ねた。複雑な金融商品を設計開発し、計算をやってくれるのがストラクチャラーだ。「でも、気軽に聞きに行けるわけじゃない。みんないつもすごく忙しいからね。そこにあったテレビスクリーンのひとつに、ブルームバークが報じていた、スポーツ・イラストレイテッド誌の水着特集の最新号が映ってた。私はきれいな女性の写真を見てたけれど、フロアの人たちはまったく気がついていなかった。みんなコンピュータのスクリーンにくぎ付けだった」

彼はまず、ストラクチャー担当者のデスクに、高級サンドイッチを届けるよう手配した。それから担当者のところに行って、ちょっと食べながらでいいから聞いてくれないか、と切り出した。そのストラクチャラーは彼を図々しいと思いながらも、とりあえず聞いてくれた。そして、彼にこう訊ねた。どのクライアント向けの商品なのか。「だから私はあやふやに答えた。フロアのだれかがそのクライアントを知ってるかもしれないし、アイデアを盗むかもしれないからね」

彼のアイデアはうまくいった。クライアントはそれを気に入り、新人なのに突然200万ドルの取引が成立した。もっと数をこなしたところで、別の投資銀行から誘いを受けた。そこでまた、彼の専門の持ち場をすべて任せると言われた。でも入ってみるとまた、たくさんの人間が同じ持ち場にいた。「学習能力が低くてね」と笑いながら言っていた。

今回も、新天地で一から始めるハメになったけれど、もうゲームのルールはわかっていたし、ライバルも知っていた。何千人ものバンカー全員が、自分たちの持ち場で同じことをしようとしていた。それは、クライアントの問題を解決してあげることだ。「だから、クライアントが何を必要としているかを、できるだけ知らなくちゃならない。ほかの投資銀行よりもいい商品を提案しなくちゃならない。一方で、頭の片隅でいつもこう考えている。利益目標を達成しないと、ボーナスもないしクビになるぞってね」

この世界で自分を際立たせるには、新しい商品を最初に開発して、利ざやが多いうちにできるだけ稼がないといけないことに彼は気づいた。「ほかの会社もすぐに同じ商品を出してくることがわかってるからね。利ざやは下がるし、商品は標準化されてコモディティになる。他社はどうやって追いつくかって？　商品をコピーするだけ。またはだれかを引き抜いてやらせる。私を引き抜いてもいい」

投資銀行はたくさんの個人商店の集まりだと考えるとわかりやすい、と教えてくれた。「中間管理職はほとんどいない、っていうか、そんな層はないいんだ。投資銀行は取引や案件を執行する巨大なマシンだけど、社員はひとりひとりが商店主だ。全員が、本当に全員が商売に集中してる、というか売上の責任を負っている」また同時に、彼が働いたふたつの投資銀行では、すべての案件が〝つかみ取り〟だった。案件を自分のものだと主張して、自分の〝手柄〟にすることに、全員が固執していた。

彼の元上司の肩書は〝西ヨーロッパ統括責任者〟だった。その上司にさえ、年間1000万から2000万ドルの売上ノルマがあった。「部下の管理に使う時間なんてあると思う？　彼だって予算を達成しないと自分の身が危ないんだから」

ウェイターが僕らのところにサンドイッチを持ってきた。彼が説明を続けてくれた。トレーディングフロアで作って売られたそうした商品の多くは、住宅ローンや保険みたいに長期的に続くものだ。でも、問題はその商品から上がる期待収益が、その年のボーナスに反映されるってことだ。「今後7年間に入ってくる未来の売上を1年にまとめたら、当然すごい額になる。ボーナス額があんなに急増したのは、それが理由でもあるんだ」

この報酬体系が、みんなを「攻めの姿勢」にすることを、彼はその目で見ていた。「今年、すごいボーナスをもらえたとする。翌年はどうなる？　もちろん売り続けなくちゃならない。毎年、毎年ね。それがますます複雑な金融商品のイノベーションと開発を後押しした要因だ」あれほどのニンジンを目の前にぶら下げられると、クライアントへの姿勢も変わる。「長期的な関係を維持しなくてもいいと思うようになる。商品を売りつけて、取引ができたら、それでおしまい」

この報酬体系のおかげで、あっという間に大金持ちになった同僚も見てきた。「まず、何件か大型の取引をして、次に別の投資銀行から多額のボーナスを保証してもらって転職する。採用する側の投資銀行は、もしこいつが年間1500万ドルを稼いでくれるなら、数百万くらいは給料を払ってもいい、って思うわけだ」

一方で、彼らのクライアントは〝プロの投資家〟だ。つまり、買い手責任の原則が通用する相手ということだ。クライアントの多くは、自分たちが何を買っているかを理解できる。でも全員が理解してるわけじゃない。「たとえば、ドイツの州立銀行だ」

インタビューの間、彼は何度も、同僚のほとんどはまともな人たちだと繰り返していた。「CDOなんてとんでもない、絶対に手を出さないっていう人もいた。でもCDO自体は中立的な商品だ。でもその中に不良資産を詰め込めば、もちろん最悪なことになる。私が売ったCDOは、すべてきちんと償還されてる」

＊＊＊

そのCDOセールスの男性に会うまで、僕はずっと、CDOと〝ものすごく複雑な派生商品〟がどんなふうに機能するかが正確に理解できなければ、今回の金融危機を理解できないと思い込んでいた。だからコツコツまじめに勉強して、CDOってやつが、債権を〝ひとつの場所《プール》にまとめる〟ことで、貸し倒れのリスクを分散するために使われるものだってことが、なんとなくわかってきた。CDO〝スクエアード〟とは、CDOの中にほかのCDOが入ったもので、〝シンセティック〟CDOは実際には原債権を所有しているわけではなく、債権価値が上がったときや下がったときに、相手に支払いを約束するものだ。〝ハイブリッド〟CDOは〝シンセティック〟と〝キャッシュ（原物）〟の組み合わせでできている。

業界用語を除いて、大幅に簡略化すれば、CDOや〝ものすごく複雑な派生商品〟の基本と働きは、だいたい理解できるようになる。

だが、そのCDOセールスの男性の話を聞いているうちに、ちょっと考え込んでしまった。これって本当に関係あるのかな？　素人が複雑な金融商品を理解できるかどうかより、業界にいる人たちが、金融危機のまえにどうして注意を払わなかったかのほうが問題じゃないか。

そのCDOセールスの男性の話の中に、答えがあった。金融の複雑さと買い手責任という霞の中で傭兵たちが生き延びる、巨大なトレーディングフロア。根深い不信が漂う雰囲気。〝倫理を問わない〟利益と〝売上責任〟への絶え間ない注目。採用と解雇の残酷な文化。トレーダーたちが、自分の売りつける複雑な金融商品のリスクと倫理を心配する理由が、どこにあるだろう？　まして、自社の長期的な財務の健全性など、どうして気にかける必要がある？　5分で追い出されることがわかっているのに、自分の会社について考える理由があるだろうか？　なんの前触れもなくクビになったり、ライバル会社に引き抜かれたりするのに？　そんな環境で、リスクマネジャーやコンプライアンス担当者が警告を鳴らすだろうか？　〝業績を上げろ〟というものすごいプレッシャーを受けていたら、法に違反しないようクライアントをひっかけてもいいのでは？

構造そのものが、目先のことだけしか見えなくなるようにできているような気がしてきた。

金融業界のトップにいる経営陣の何人かにも、インタビューをさせてもらった。取締役やCEOだ。でも彼らの発言を書くと、すぐにだれだかわかってしまいそうで、引用できなかった。金融危機以降の一連の記事を読むと、少なくとも数社の金融機関では、あのCDOセールスの男性が語っていた〝目先志向〟はトップにも浸透しているようだったし、2008年以前は特にそのようだった。イギリスの財務大臣を務めたアリスター・ダーリングは自伝の中で、最悪の金融危機の最中に救済してあげた金融機関の経営陣について、こう書いている。

彼らは、自分たちが何をしているか、どんなリスクを取っているのか、たいていの場合は自分たちが売っている商品についてもわかっていなかった。金融危機のピークで、ある有名なバンカーが、今後は理解できないリスクは取らないことにしたと得意げに発言した。そう聞けば、安心できるはずだった。でも違った。逆に恐ろしくなった。ここでもアメリカでも、金融機関のトップは、何がそれほどの利益を自分たちにもたらしていたのか、そのリスクが何なのかをまったく理解していなかったし、それを訊ねることさえしていなかったのだから。

「彼らは理解していなかったし、訊ねることさえしなかった」投資銀行がカジノとは違うという理由の中でも、これはいちばん説得力がある。ルーレットなら確率がわかっている。赤か黒に賭けて勝つ確率は5割弱だし、数字は37分の1だ。

投資銀行はあまりにも複雑になったおかげで、多くの金融商品のリスクを測るのが極めて難しくなっている。物事はあいまいで、わかりにくく、時には意図的にあやふやにされていることもある。内部の人は〝不透明〟という言葉を使うけれど。

新しい商品が利益を生むことも、生まないこともある。リスクマネジャーに、西ヨーロッパの統括責任者に、CEOに、どうしたらそれがわかるのだろう？　一方で、こうした商品を販売したり、そのほかのリスクを取ったりすることで、金融機関は多額の短期利益を手に入れ、株主や金融メディアから褒められる。シティグループのトップの思いがけず正直な発言がこのことをよく表している。「音楽が流れている限り、立ち上がって踊り続けなくちゃならない」そして、こう付け加えていた。「今もまだ踊り続けているよ」それは、2007年7月の発言だった。

＊＊＊

ではこのあたりで、少し明るい話もしよう。この本も6割がた終わったところだし、明るい話が必要だ。一息ついて、暗い話から抜け出し、読者のみなさんに正義の味方を紹介しよう。僕たちのために正しいことをしようと闘っている人物だ。

僕自身、明るい話題が必要だった。なにか前向きなことを探して、金融機関の歯止めになるような組織に注目した。格付け機関はどうしてあれほど多くのCDOとさらに複雑な派生商品に、〝超安全な資産〟を示すトリプルAというお墨付きを与えたんだろう？　金融機関の財務諸表を監査していた外部の監査法人は、なぜ何も見つけられず、何も言わなかったんだろう？規制当局はその間、いったい何をしていたんだろう？

答え探しに光が差したのは、ウィリアム・J・ハリントンからメールをもらったときだ。インタビューに答えてくれるというので、僕たちは会うことにした。大柄であか抜けた40代のアメリカ人のハリントンは、ニューイングランドの出身だということに誇りを持っていた。格付け機関のムーディーズで、住宅ローンの入ったCDOにトリプルAを与えていた部門に、10年以上勤めていた。ハリントンは辞めるときに解雇手当てを受け取らず、ムーディーズとその他の格付け機関を相手に独りぼっちのゲリラ戦を仕掛けていた。彼の武器は、その発言だ。彼だけは本名を明かすことを快く許してくれた。やっと、インタビュー相手の詳細と経歴を公開できる。

経済学者として研究を積んだあと、ハリントンは投資銀行のメリルリンチで働くことになった。そこにいる人たちはいつも、もっと、もっと、もっと多くを求めているようだったと語った。「報酬体系がすごく……直接的なんだ。みんな早く歳をとってしまう。いつも次の案件を見つけることしか考えていないからね。その人らしさをすべて失ってるように見える。そして、全員が自分を大物だと思ってる」

格付け機関は負け犬の集まりだと思われていることはわかっていたが、彼は気にしなかった。業界の集まりに行かなくていいし、パーティーなんてどうせ出席しない。業界横断的な調査で、ゲイの人たちにとって、ムーディーズが最も働きやすい職場の上位に入っていたのも、それが理由のひとつだった。

「どうしてこんなにゲイっぽいんだ？」ムーディーズについてそう聞く人もいる。シティでは、監督官庁もそんなイメージで見られていますよねと言うと、ハリントンはうなずいた。「ゲイに優しい職場っていう評判ができると、そこに集まってくるからだろうね」そう言うと笑顔が消えた。「ムーディーズの中でもいちばんたちの悪い管理職は、打ちひしがれて行き場がないような人間を、わざと採用してるんじゃないかと思う。同性愛者嫌いでないように振る舞って、相手に恩を着せてるんだ」

ムーディーズのような巨大組織を相手に独りでゲリラ戦を仕掛ければ、跳ね返りも大きい。いいことばかりではないはずだ。インタビューの間ずっと、ハリントンは張り詰めているようだった。元の雇い主を語る彼は、父親にがっかりした息子のようだった。バンカーが、格付けプロセスを動かすようになっていったと彼は語った。「私がバンカーとどう接するかのルールは、上司が決めていた。たとえば、バンカーに怒鳴り返していいかもね」そこでわざと少し間をあけて、こう続けた。「私たちはできなかった」

ほらきた。この発言は、すごく内情を表していてかなり危ない発言だけど、裏がとれない類の話だ。「たちの悪い管理職」がわざとゲイを雇って弱みに付け込んでいたという発言もそうだし、2006年にはすでにムーディーズの環境が「毒されていた」という言葉も、客観的には証明できない。ムーディーズに、ハリントンの主張についてのコメントを求めたが、断られた。でも、大手格付け機関のビジネスモデルについては、だれでもハリントンの言い分を確かめることができる。たとえば、格付け会社は、自分たちが第三者として評価すべき金融機関から、手数料を受け取っている。また、ムーディーズも同種の格付け機関も、自分たちの格付けは単なる〝意見〟か自由な発言であって、トリプルAの格付けに責任はないと言っている。ハリントンはこう切り捨てた。「2008年の危機を導いたムーディーズのCEOは……今もまだCEOのままだ。昨年の報酬は600万ドルで、この5年の平均年収と同じだ。格付け機関はものすごく稼いでいる」

これにはすべて裏付けが取れるし、格付け市場の95パーセントをたった3社が独占していることも事実だ。この手の〝寡占〟が自由市場の機能を止めてしまうことは説明の必要がないほど明らかだ。「もし、さまざまな規模や株主構成の格付け機関がたくさんあって（大手3社しかないという状態ではなく）、そのうち数社が取り組み方を変えれば、残りの会社もただ流れに乗り続けているわけにいかなくなる。今は自浄作用が働いていていない」

僕がハリントンをインタビューしたのは夕方で、リージェンツ運河を見渡すガーディアンのオフィスでだった。彼は窓に背を向けて座っていたので、話をする彼の向こうの摩天楼がゆっくりと暗くなっていくのが見えた。その様子がずっと目に焼き付いていたのは、おそらく、そのとき初めて、本物の怒りに近い何かを僕が感じていたからだ。これって嘘だろ？　ありえない。ミシュランガイドの調査員が、シェフからカネをもらっていたら？　そのレストランはいくつ星をもらえるんだろう？

まだほかにもある。30歳前後の社外会計士はこう言っていた。「銀行の監査のとき、〝クライアント〟に指摘できる何かを見つけなくちゃならないんです。そうすれば、これを見つけたんですが、ご説明いただけますか、って言えますから。何も出てこなかったら手数料を正当化できないので」だがやりすぎてもいけない。「いろいろ見つけすぎると、余分な仕事が増えてしまいます。そうすると、自分たちのコストが上がって、利益が減ってしまいます。会計士個人としては、見つけないほうがいいとも言えるんです」

これはこの人だけの意見だ。でも、シティの監査もまた、格付け機関と同じでほんのひと握りの会社が独占している。KPMG、アーンスト・アンド・ヤング、デロイト、そしてPwCだ。ニックネームだってある。ビッグフォーだ。この何十年も、金融機関はほとんど監査法人を変えていない。ビッグフォーは大手金融機関の財務を監査するばかりか、コンサルタント部門を通して、高価な助言サービスを同じ金融機関に売っている。再びレストランに例えるなら、監査人が衛生と安全の調査員として厨房の衛生を評価しながら、副業としてシェフに売上増加のアドバイスをして多額の料金を徴収しているようなものだ。

この2年間に、僕が会ったどのバンカーもスタッフも、外部の監査人について尊敬をこめて話す人がひとりもいなかったのは、そういう理由からだろう。たとえば全社の財務報告を担当する社内会計士は、自分の仕事を「正当化のプロセス」だと語っていたことを思い出してほしい。彼女は社外監査役について、怒ったようにこう言っていた。「彼らにとって大得意先である私たちに、独立した判断が下せるはずがないじゃない？　私たちは外部の監査人に数字が載った紙を一枚渡して、彼らはそれを手に入れたらすぐ出て行くだけよ。もちろん、その数字が本当かどうかを知るためには証拠が必要だし、それぞれの部門の内訳もいる。でも、外部監査の人たちは中に入ってきて調べたりなんて絶対しないから、彼らに内緒で別の会計システムを持つこともできる」

＊＊＊

僕はガーディアンのブログで、オランダでよく言う「運命に少し手を加える」、つまり、ちょっとした仕掛けをすることにした。ある意図を持ってインタビューをブログに載せたのだ。あるトレーダーは、こう自問していた。「25歳のトレーダーが年収100万ドル稼ぐなんてことを、僕たちの社会は認めていいんだろうか？　もしそれがおかしいって思うなら、規制するしかない。グローバルな規模でね。でも、問題は、役人がアホだってこと。言葉が悪くて申し訳ないけど、でもほかに言いようがない。賢くて攻撃的で優秀な22歳の若者が官庁に勤めるわけないからね」

このインタビューをブログに上げたとき、「問題は、役人がアホだってこと」という大見出しをつけた。24時間後、監督官庁に勤めるふたりの官僚がインタビューを申し出てくれた。ひとりは若くて、もうひとりは経験豊富だった。とうとう釣り上げた。

若いほうの役人は一流大学で経済学を専攻していて、同級生のほとんどは金融業界で働いていた。友達の新卒時の年収は、4万5000ポンドにボーナスが加算される。彼自身は入省時に採用手当てを2500ポンドもらったが、初年度の年収は3万ポンドを少し下回った。「僕はプライベートな時間を持てます」官庁に入った理由をそんなふうに言っていた。「週末は休めますしね」仕事の内容は、「消費者保護と金融システムの安定化」で、利益を追いかけるより社会のためになる、とも言った。

僕は打ち解けるためにいつもの質問をした。動物に例えると、なんですか？　彼は少しイラっとして、考えを口に出しはじめた。「官僚の数自体はそれほど多くないけど、でもすごく大きな組織ですからね。いつまでもしつこいんです。大きな権力を持っているけれど、動きはちょっと遅い。捕食動物じゃないけど、僕たちがやってくると聞けば相手は注意を払います。たぶん、象かな」

官庁には一流大学から非常に賢い人が集まってますよ。「役人がアホだ」と言った、あのトレーダーの言葉への反論だ。それに、「金融機関はずっとリスクの見積もりに失敗してますよね。規制が緩くて、業界を野放しにしてるっていう厳しい批判もあるけれど、内部の人がいちばんわかってるはずなんですよ。監督官庁が過去のあれもこれも見落としてたと責められるし、規制の失敗だって言われます。でも、金融機関の経営陣や内部のリスク責任者が、そもそもそれを見つけるべきなんです。まあ、過去に警告を発していた内部のリスク責任者は、クビになってるかもしれませんが」

金融危機以降、官庁ではすべての階層で人が辞めている、と彼は言っていた。このところ、高い地位にある官僚が〝あちら側〟、つまり金融機関に転職するケースが続いていた。「だから若い官僚も『上司がみんな船から飛び降りてるとしたら、自分はどうなるんだ?』と考えるようになります。今の金融業界は僕たちのスキルが必要な仕事、つまりコンプライアンスとリスク管理の人材を採用してるんです。僕もいつまで誘いを断り続けられるかわかりません。子供ができたときかな? ロンドンはカネがかかるから。これからどうするか悩んでます」

地下鉄の駅に向かって歩く途中に、アバカスという店の前を通った。若い女性が〝バンカーをひっかける〟場所だ。あそこに行ってみたらと提案すると、彼は笑った。「彼女にしばかれちゃいますよ」

その午後遅く、彼からメールを受け取った。「そういえば、アバカスにいる女の子たちは僕の名刺じゃ感心してくれませんよ! 役人は志は高いけど、もてませんから!」

その若い官僚は、金融危機のときはまだ大学生だった。でも、もうひとりのベテラン上級官僚の方は、金融危機の中にどっぷりと浸かっていた。いつもよりわくわくしながら、僕は官庁街からは遠い、待ち合わせのカナリーワーフに向かった。彼は35歳くらいの、肩肘張らない柔らかい物腰の人物で、政治的には「少し左寄りの中道派」だと言っていた。僕の質問を静かにじっくり聞いて、ゆっくりと答えてくれた。

バンカーが〝とんでもないカネの亡者だ〟という批判は的外れだと彼は考えていた。「悪いのは人間じゃない。物質的な期待を煽るような文化が悪いんだ。投資銀行に入ると、そこで成功している人間の大物ぶりや口の悪さを真似して、自分も目立とうとしてしまう」

彼のキャリアの始まりは大手投資銀行だった。「自慢したいわけじゃないが」と前置きしつつ、仕事の評価はいつも「期待以上だった」と言っていた。それでも、自分の仕事の本質に葛藤を感じるようになり、それが失望へと膨らんでいった。大学の同窓生はみな、教師や医者や警官になっていた。今となっては、公務員のほうが自分らしく地に足のついた生活ができると思っている。それに、「高級品に興味が持てない」らしい。

金融を辞めようと決めたとき、どの仕事なら自分のスキルが役に立つだろう、と考えた。その答えは監督官庁だ。同僚の多くも、金融機関の出身だ。人材が混ざっているほうがいい、と彼は言う。「アウトサイダーは新鮮な目で、単純で大きな問いを投げてくれるし、私のような元金融のインサイダーは、金融機関の嘘やごまかしを見抜くことができる」

彼によると、今現在、イギリスだけでも100万人近くが金融の仕事に就いている。監督官庁にいるのは5000人程度だ。「対等じゃないんだ。金融機関はいつも役所より人材が豊富だからね」

規制当局はすべての大手金融機関に、「お目付役」になるようなチームを張り付けて、監視している、と彼は言う。「徹底した継続的な監督」っていうのが決まり文句だ。「経営陣たち、普通はマネージング・ディレクターたちと、定期的に会合を持っている。金融のほとんどの人は官庁と連絡を取りたがらない。私たちは、彼らが取っているリスクを把握したいんだ。懸念される分野を特定して、それを細かいところまで掘り下げる。経営陣自身が自分たちのリスクを理解しているかどうかを見極めて、それにきちんと対応していることを確かめなくちゃならない。昔は金融機関の評価は安直なものだった……向こうがお客さんってわけじゃないが、監督官庁の方が取り込まれていたという面はあった。今じゃなれ合いはずっと少ないよ」

ってことは、2008年以前には、CDOやめちゃくちゃ複雑な金融商品をどう扱ってたんだ？「営業の人間は、たいてい自分たちが何を売りつけてるのかまったくわかっていない」商品を開発してる人間は、もちろんわかってる。「まず、商品にお化粧を施して社内のコンプライアンス部門を通す。目立つリスクを削って、単純で安全な商品みたいに見せるんだ。それから、コンプライアンス部門が私たちにその商品を提示する」

つまり監督官庁は、企業側の自己申告を信じるしかない。金融機関の経営陣から提示されたものに頼るしかないってわけだ。問題は、経営陣が内部で起きてることを知らないということだ。今じゃあまりにも大きく複雑になりすぎてるから。彼は完璧に静かなほほ笑みを浮かべてそう言った。

経営陣がわざと嘘をついたとは思っていない、と彼は言う。もちろん、それを証明することはできないけれど。「経営陣が私たちに何かを隠してるってことが本当の問題じゃない。恐ろしいのは、経営陣自身がどこにリスクがあるかを理解してないことだ。社内のだれも認識してないのか、だれかが上司に隠してるのか、わからないけれど」

彼は〝恐れの文化〟に触れて、金融機関の人たちは、会社のために行動するわけではないと言った。「自分のキャリアのためになることをするんだ。もし、自分が〝有望株《ゴールデンボーイ》〟だと思われていたら、その期待を裏切らないことが、なにより大切になる。トップに登り詰めるためのレースの一番手にいたら、そこから落ちるようなことには絶対に関わらない」

だから彼は、今回の金融危機を「業界の陰謀というよりも個人的なもの」だと捉えている。金融機関の経営陣には利益相反がある、と言う。「自分たちの会社や国にとって長期的にいいことが、彼ら自身の短期的なキャリアやボーナスにとっていいこととは限らない」

役人はアホだというバンカーたちの言葉を持ち出すと、彼はただ肩をすくめて一蹴した。「役人は、金融機関に入りたくても入れなかった、いわば二軍の集まりみたいなもんだって言う人もいる。でも実際中に入ればそうじゃないことがわかる。もちろん、役所のほうが変人も多いし、同調圧力みたいなものも少ない。二軍？　金融機関の採用担当者に聞けばわかる。金融機関からしょっちゅう来ないかって誘われるよ」

こっちから行かなくても、向こうから声がかかる、と彼は続けた。「金融機関は役人の履歴書を手に入れて、誘いをかけてくる。それは当然なんだ。私たちは監督官庁の内情がわかっているし、金融機関に何が望まれているかも正確に知ってるからね。金融機関がどこまで悪さをしたら、罰則の対象になるかもわかってるし、その場合に何が起きるかも細かく知っている」

そこで少し緊張した面持ちを見せたあと、すぐに柔らかな笑顔になった。「監督官庁勤めの役人ならだれでも、金融機関で今より3割とか4割増しで雇ってもらえる。民間出身の私が言うんだから間違いない。私もあのまま残っていたら、今の2倍から3倍の収入だったはずだ」

今の仕事に移ることで、彼はそのまえに進んでいたライフスタイルに背を向けた。「そこに本当の性格が表れるんだ。今の3倍、4倍、5倍の収入から背を向けられるかってところにね」

＊＊＊

僕はいまだに、あの快晴のカナリーワーフで日陰になったコーヒースタンドのベンチに座っていた日のことを、隅々まで思い描くことができる。あの日、地下鉄でガーディアンのオフィスに帰り、ガラスのビルに反射する日光がまぶしくて目を細めたことを、ありありと思い出す。ウィリアム・J・ハリントンと会ったときもそうだった。あのとき、僕は初めて怒りを感じた。今回は、ある種の絶望と本物の恐れが僕の心に湧き上がってきた。あの上級官僚と会うまでは、なにか明るい話が聞けるんじゃないか、前回の危機を繰り返さないように万全を尽くしたというような説得力のある話が聞けるんじゃないかと、一縷の望みを抱いていたのだと思う。

「危機のあと、金融業界は直りましたか？」直球を投げてみた。「直ってないね」

僕の〝否認〟の段階も、もうこれまでだった。

9

怒り

きちんとアンケートを採ったわけではないけれど、２００８年に、僕たちが日常だと思っていた生活が〝臨死体験〟を迎えていたことに気づいていた人は、金融業界以外にはほとんどいないと思う。

よく考えれば、当たり前だ。その脅威を理解できた人が、そのことを触れ回ってパニックをさらに悪化させようとは思わないだろう。欧州理事会の元議長のヘルマン・ファン・ロンパウが、２０１４年になって初めて金融危機について語ったのも、そのためだ。人間離れした冷静さで有名な彼は、そのインタビューで、６年前の金融危機では「あと数ミリで世界が崩壊するところまで来ていた」と語っていた。

それにハリウッドだって、隕石衝突とか、世界的な感染症の流行とか、エイリアンの襲撃とかのほうが、グローバルな金融危機よりも映画のネタにしやすい。もちろん、業界の〝沈黙の掟〟もあるし、金融の中の人たちが違う説明をすることもあるし、学校で金融システムについてなんの理論も実践も教えてくれないということもある。金融機関やおカネを生み出すシステムよりも、古代エジプト人についてはるかに詳しく教わった人間は僕だけじゃないはずだ。

金融システムへの現在の脅威を、ほとんどの人が気づいていないことは明らかだった。パーティーや、夕食の席や、学校で、「あのバンカーたち」のインタビューで何にいちばん驚いたかと聞かれるたびに、みんながその脅威にまったく気づいていないことを思い知らされた。皮肉な笑いを浮かべながら、深刻な問題じゃないみたいに、僕に聞いてくる。みんな、「欲」とか、「コカイン」とか「傲慢さ」なんていう答えを期待していた。1987年の映画『ウォール街』の主人公ゴードン・ゲッコーを想像してる人も多かった。「欲は善」というセリフがこびりついてるみたいだった。

そんなときの僕は、ゴードン・ゲッコーはバンカーじゃなくて、敵対的な買収を仕掛ける、いわゆる「乗っ取り屋」なんだけど、と言いたい気持ちを飲み込んで、オランダのことわざにあるように「雷に打たれたような」発見がいくつかあったと伝えることにしていた。

金融セクターが世界にどれだけの打撃を与えることが可能か、以前の僕はまったく知らなかった。もちろん、2008年の危機のときには、世界の終わりまでほんの紙一重だったたってことも、知らなかった。でも、それよりもっとショックを受けたのは、金融機関がその後も引き続き、目先の利益だけしか見えなくなるような報酬制度にずっと支配されているってことだ。だれかがなんの不安も恥もなく、自分の勤める投資銀行は〝代替可能な〟プラットフォーム、またはただの入れ物だと言ったらどう思う？　小規模な投資銀行に勤めるトレーダーは、こう言っていた。「トレードするための場所がいる。投資銀行は、その場なんだ。チームが丸ごと引き抜かれて、別の投資銀行に移ることもある。どちらの側にも忠誠心なんてない。経営陣は社内で何が起きているかわかっていない。というか、わかるはずがない。そもそも、社員が上に実情を訴える理由がない」

食うか食われるかの世界だから、とそのトレーダーは続けた。全員が自分のことしか考えてないし、会社は敵だと思ってる、と言う。「市場部門の統括責任者、つまりトレーダー全員を統括するボスは、トレーダーの味方で、会社側にはついてない。経営陣はトレーダーあがりで昇進した人間だ。どんなタイプか想像がつくだろう？」

僕に質問してくる人たちは、そんな答えを期待していないし、それを聞くと目に見えて困惑する人も多かった。僕のインタビュー相手が話を盛ってるんじゃないかと聞く人もいた。彼らがドラマチックに話を仕立てたり、苦々しさを隠すためにわざと盛り上げたりしてるんじゃないかと疑っているわけだ。

実は、僕もずっとそうじゃないかと考えていたし、そうだったらいいなとさえ思っていた。こんな深刻な問題を世間のだれも知らないなんてありえないし、その解決方法もわからないなんて怖すぎる。僕はかなり長い間、その現実を否認してきた。でも、その〝否認の段階〟が終わって、現実が顔を出した瞬間を今でも憶えている。まるで、激しい大波に打たれて堤防がとうとう決壊したみたいな感じだった。

その最初の波がやってきたのは、ある記者会見のときだった。2013年の3月に、ガーディアンが僕を、例の〝大きすぎて潰せない〟イギリスの銀行の業績発表に送りこんでくれた。それまでの秘密のミーティングとは対照的な、公の場だ。いきなり、ロンドンが一望できるキラキラした巨大なビルに、僕は招かれた。そこには記者が20名ほどいて、CEOが延々と数字や比率や割合や円グラフを見せる間、じっと黙って座っているのがどうも僕たちの役目みたいだった。そのCEOはもうこの手の記者発表には慣れた調子で、こんな感じのことを言っていた。「現在の資本額は充分な水準だと自信を持っています」とか、「引き続き、すべての株主の利益を考慮してまいります」とか。最近のスキャンダルに科せられる罰金については、「顧客への賠償」が必要な「法的問題」と言い換えられていた。香港上海銀行（HSBC）も、麻薬の資金洗浄の罰としてアメリカの規制当局から19億ドルという巨額の罰金を科せられていたけれど、これを「規制および法執行の問題」と言い換えていた。

この会議のまえの週末に、僕たちは年次業績の報告書を受け取った。添付書類を除いても、ロイヤルバンク・オブ・スコットランド（RBS）の報告書は289ページ、HSBCは

550ページ、ロイズ銀行は165ページの長さだった。

この会議で僕たちは質問を許されていた。ある記者が、「この2億5000万ポンドは何ですか?」と聞いた。CEOの報酬体系への質問も出た。RBSとロイズが再び民間銀行となって「納税者がカネを返してもらえるのは」いつになると思うか、と聞いた記者もいた。

CEOはほとんどの記者を下の名前で呼び、長くて中身のない答えを返した。それが終わると、おいしいサンドイッチと果物が出た。隣に座っていた記者が、こう言った。「私、この間まで政治部にいたんですよ。すごく不思議だけど、金融のことを実際に知らなくても、金融記者として生き延びられるんですね。いつも新しい数字とか業績とかが発表されてますから。それに対する反応を集めて、また次の数字や業績に移るんですよ」

公的資金が投入された2つの銀行では、CEOと取締役が記者会見の前後に非公式な会話の時間を設けていたが、公的資金の入っていないHSBCは、指定の記者たちと早朝の電話会議を行って、その時間のほぼ半分は頭取が準備された文章を読むだけだった。

ロイズとRBSの記者会見は驚くほどそっくりで、それを目の前で見せてもらった僕は、やっと気がついた。僕が見たのは、お決まりの儀式だったってことだ。数字の洪水と広報用の文句、記者からのボーナスへの質問と比較的軽めのあれやこれやの質問などなど。意識的なものかどうかはさておき、マスコミは経営陣と一緒になって舞台をおぜん立てし、潜在的な信号を送っているようだった。世界は通常運転に戻った、という信号だ。

こうした金融機関には、何か国にもまたがって何万人、何十万人という社員がいて、地球上のあらゆる場所で、さまざまな種類の、わかりにくい事業を行っている。それに、この5年間かそこら、これらの大手金融機関では、その巨大帝国のどこかの片隅でスキャンダルが次々に起きていたし、これまでの財務報告書には、ありえないほど不正確なリスクの記述があったし、それは意図的な誘導と取られてもおかしくないほどのものだった。

でも、もうそれは過去のことで、今はすべてがきっちりと管理されているという意味のことをCEOは口にしていた。会合の頭で、僕はそのことに驚いた。一般の人、というか以前の僕ならそれを聞いて、金融システムはもう安全に戻ったと考えて安心していただろうし、あとはボーナスの問題だけをどうにかすればいいと思っていただろう。政治家やメディアが注目していたのは、この点だったから。だけど、僕は〝無知の段階〟を過ぎて、〝否認〟も越えていた。ここまでくると、僕が感じていたのは純粋な〝怒り〟だった。

オランダに少し里帰りしたときに、幼馴染みのピーター・ヴァン・イースに会うことにした。僕たちはアムステルダムの南の郊外に住むご近所さんだった。ピーターと僕は地元のサッカーチームに入っていて、あまりうまくなかったけれどどちらもディフェンスだった。練習のあとは一緒に自転車で家まで帰り、ギリシャ語とラテン語のどちらを選択しようかなんて、オタク同士で話し合っていた。

この20年は会うことも少なくなっていたけれど、幼馴染みの絆は強かった。ピーターはUBSのアムステルダムオフィスに勤め、バンカーとして成功していた。最近転職したけれど、投資銀行や難しい金融のことについて詳しく話してくれるとわかっていた。アムステルダムのライツェ広場にあるカフェ・アメリカンにふたりで腰を下ろして、僕が最初に聞いたのは、例の〝沈黙の掟〟のことだ。ピーターはもう投資銀行勤めじゃないし、オランダに住んでるから、自由に話してもらえるだろうと思った。もちろん、元の勤め先やクライアントとの守秘契約に縛られている部分はあっても、それ以外は話してもらえるはずだ。25年前、地元のサッカークラブで一緒にプレーしていた僕たちが、アムステルダムでいちばんおしゃれなカフェで話をしてるなんて、すごく大人になった気がした。

インタビューってのは不思議なものだ。知らないだれかに初めて会って、かなり濃い親密な雰囲気を作って、できる限り情報や知識を得ようとするわけだから。記事を深めるためにメールや電話で連絡を取ることはあるけれど、たいていはその後一生会うこともない。何人かの取材相手とはその後も連絡を取り合うこともあるけれど、ほとんどの相手とは一度限りしか会わない。グローバルな金融システムとシティの役割についての記事がどこかしら僕にとってぼんやりしていたのは、おそらくそのせいかもしれない。このトピックがまるで自分以外の人にしか影響を与えないような、あまり脅威ではないような、他人事のような気がしていたのかもしれない。でも、ピーターと一緒にそのカフェでサンドイッチを食べながらバカ高いコーヒーをすすっていたとき、状況が変わった。

ピーターくらい昔からの知り合いだと、どうでもいい話は飛ばして、すぐに本音の話ができる。すごくピーターに会いたかったのも、そのためだ。僕はいつも、話が真実かどうかを相手に問い詰めるのが申し訳ないような気がしていた。インタビュー相手が話してくれた、リーマン・ブラザーズの破たん直後の行動は、掛け値なしの真実なんだろうか？　食べ物と現金と金《きん》を手元に隠したり、子供を田舎に避難させたり、武器を備蓄したり……ピーターなら、僕に本当のことを教えてくれるはずだ。僕の聞いた話が大げさな作り話かどうかは、彼に聞けばはっきりする。一般的に落ち着いているオランダ人の中でも、ピーターはいつもすごく冷静だった。

「窓の外に目をやると、バスが通り過ぎるのが見えた。外の人たちはいつもの毎日を送ってた。送ってるつもりだった。そうか、みんな知らないんだってそのときに思った。ハッとしたよ。同僚たちも、ハッと気づいた。そのとき、生まれて初めて職場から父に電話して、貯金を安全な銀行に移すようにって伝えたんだ。父はすぐにそうしたよ。その日家に帰って、とにかく恐ろしかった。戦争の恐怖ってのはこんな感じなんだと思った」

＊＊＊

「マジかよ」ピーターと会ったあとの僕の気分を表すとしたら、そんな言葉だ。ガッデム、みたいな感じだ。それがもう起きていたのだ。最悪なのは、またいつか起きるかもしれないということだった。

インタビュー相手の多くは同じことを言っていた。「何もなかったように平常運転に戻った」って。2008年以来、これでもかとばかりに「今回のことを教訓にして」とか、「人々の信頼を取り戻すために」みたいなことがずっと言われ続けていた。議会の委員会は危機の原因を探り、再発防止のためのたくさんの新しい規則や規制が生まれた。ミドルオフィスはまえより少し力を得て立場も上がり、大銀行でいることのコストは上がり、フロントオフィスの上層部は〝企業文化の変革〟を求められた。でも、金融業界の根底に流れる〝逆インセンティブ〟はほとんど変わっていなかった。

今ではより多くの資本バッファーが求められるし、借り入れでなく株式による資金調達が求められている。いまだに資本バッファーは歴史的に低い水準にあり、その額はこれから増えていくにしろ、新しい規制が施行されるのは数年先になる。

米系の銀行では、自己資本を使った投機や投資(プロップトレード)が禁止され、欧州委員会はいくつかの金融機関に規模縮小を命じたり、投資銀行部門を売却させたりした。でも、そのことで逆に、残りの金融機関がより市場を独占できるようになった。新規参入がないからだ。

規模を縮小したり、投資銀行部門を売却した銀行もあったけれど、ほとんどの金融機関は解体されたり分割されたりはせず、破たんさせてもいい規模にはなっていない。銀行が破たんした場合は、欧州銀行同盟が介入して、秩序正しく閉鎖に導くことになった。欧州銀行同盟を支えているのは？　もし取り付け騒ぎで多数の銀行が同時に破たんしたら、だれがカネを払うんだろう？　そう、納税者だ。

結局は事実上のカルテルができ、ひと握りの金融機関がこれまでと同じく市場を独占し、莫大な利益を上げ続けることになる。欧州連合はボーナスの上限を設けたけれど、結局金融機関は基本給を上げてボーナスを下げ、莫大な利益が逆にわかりにくくなってしまった。

そのほかにも多くの策が施行されたが、そこには同じパターンが見える。２００８年の金融危機に対応した規制当局の策は、原因を取り去るのではなく症状を緩和するものだった。明確で単純な法律によって新しいスタートを切るというよりも、次々と追加のルールが投入されている。今では新しい銀行の設立はさらに難しくなっている。リスクとコンプライアンス部門のスタッフを大勢抱えなければならないし、新しい銀行にそのカネはないからだ。

２０００年前後のドットコム・スキャンダルによって、異なる部門間の利益相反が明らかになった。ＩＰＯ部門、トレーディング部門、資産運用部門だ。それなら、ドットコム・スキャンダルのあと、こうした相反のある部門をひとつの投資銀行の傘の下に入れることを禁じるルールができただろうか？　とんでもない。ただチャイニーズウォールの設置を義務づけて、社内のコンプライアンス部門にそれを監視させるようにしただけだ。

２００８年の金融危機で、メガバンクの投資銀行部門が、同じ銀行の商業部門に預けた一般市民の預金で投機を行っていたことが表に出た。そこでメガバンクはふたつの部門に分割された。ハイリスク投資を行う部門と、より伝統的な商業銀行部門だ。貯蓄口座や決済口座があるのは、商業銀行だ。少なくともイギリスでは、ふたつの部門の間に〝電子的な金網〟が設けられることになった。ただし今すぐではなく、数年後になる。

その間、何が間違っていて、それはなぜだったのかについて、銀行が第三者に依頼して社員に訊ねるようなことは行われていないし、銀行自身が社員に訊ねているわけでもない。また、資本準備金でギャンブルをしたり、評判を盾に取引を行った人間をみんなクビにしたりしている。だが、財務諸表の誤りや誤解を与えそうな記述を、見て見ぬふりをしていたかもしれない監査法人との取引をやめてはいないし、格付け機関も同様だ。でも、グローバルに施行される資本バッファーの強化に対しては、金融機関が手に手をとって闘っている。実際、莫大な金額をロビイングに費やして、資本バッファーの積み増し額をできるだけ低い水準に留めようと努力している。

ほとんどの大手金融機関は上場しているか、そうでない場合にはできるだけ早い再上場に向けてあらゆる手をつくしている。雇用保障ゼロの体制は金融業界で当たり前に続いているし、買い手責任も、沈黙の掟も、同じように続いている。三大格付け機関は事実上のカルテルを組み、四大監査法人もまた、第三者であるべき監査相手のクライアントに、儲けの多いコンサルティングを行っている。

労働党のトニー・ブレア元首相は、ＪＰモルガンのアドバイザーとして少なくとも年間250万ポンドを受け取っている。２００８年に金融監督機関の長だったヘクター・サンツは、バークレイズの経営上層部に入った。彼の〝報酬〟は年間３００万ポンドとされている。

絶対に何か間違ってる。

中規模の格付け機関で長い経験を積み、最近引退したばかりの60代後半の男性に会った。その男性はすごくいい人で、待ち合わせに5分遅れますと丁寧にメッセージを送ってきてくれて、僕はインタビューのあとにそのメッセージに気づいたくらいだった。

引退直前に、金融システムが世界を道連れにして崩壊寸前まで行ってしまったのを見て、どんな気持ちでしたか？

「あのときのことを考えると、いまだに怒りがこみあげてくる」彼はそう言った。格付け機関の仕事が、若いころは天職に思えた。いい給料をもらって、社会の役に立てる。「格付けは、企業や債券がどのくらい安全か、貸し倒れのリスクがどのくらいあるかを示すものだ。もしそれが信頼できないなら、取引をすべきじゃない。とても単純なことなんだ」

２００８年9月15日はどうでした？「怯えていた」感情をあらわにしながらそう言った。「本当に怖かった。世界の破滅が目の前に迫っているようで」リーマンが破たんした週は、休暇中だった。「毎朝、新聞を開くと、『ああ、どうしよう』という気持ちになった。携帯端末でずっと展開を追っていた。混乱、当惑、驚き……ありとあらゆる感情が一気に押し寄せてきた。ずっと携帯端末から目を離せなかった私に妻が怒って、それを湖に投げ捨てるわよと脅かしたんだ。それでも、止められなかった」

あの金融危機の間に完全なパニック状態に近づいてしまったのは、この人だけじゃない。次々とさまざまな出来事が展開する中で、金融の中にいた人たちはみな、言葉にならない恐怖と混乱を感じていた。

権力のトップにいた人たちにも、このなんとも言えない恐怖が届いていた。首都ワシントンでは「緊急の特別会合」が開かれ、FRB議長はこの危機がもたらす「破壊的な影響」を議会の重鎮に説明した、とニューヨーク・タイムズは報じていた。民主党上院議員のチャールズ・E・シューマーは、そのときのことをこう語っている。「アメリカでは信用供与が経済の生命線だ。それが凍結した。これまでに一度もなかったことだ。それは、かつてない世界だ。未知の領域に立って、ただひとつわかっていることは、信用が凍結したままでは、経済があれよあれよという間に底なしの穴に落下していくということだ」そう話しながら、彼は手をびゅんと下に動かして見せた。「つまり、もう少しで……」そう言いかけて言葉を濁した。「いや、ここで止めておこう」

ノーベル経済学賞を取ったポール・クルーグマンは、リーマン破たん後の混乱を見た財務長官のヘンリー・ポールソンがどんな気持ちを抱いていたかを、こんなふうに書いていた。「経済政策の責任者にとっては、信じられないような悪夢に違いない。その場に居合わせた自分が、たった今、世界を破壊する決定を下したわけだから。これほど恐ろしいことはないだろう」

２００８年の危機から何年間も、例の携帯端末中毒の男性は、当時と同じくらい恐れと怒りを感じ続けていた。「新しい金融商品が出てくるたびに、『ああ、またか』と思う。どの新商品も同じような、ぬるくてあいまいな言葉で説明されている。どれほどいい商品で、安全かってことが謳われているんだ」ＣＤＯと毒入り派生商品が最初に発売されたときも、まったく同じだった。

今回の危機に対する金融業界の反応は、大事故を起こしかけたバイカーみたいなものだと感じることもある。「運よく避けたとたんにアドレナリンが大放出して、そのあとすぐに、死んでたかもしれないと気づいてものすごい恐れが襲ってくる。でもまた旅を続けてサイドミラーの中の景色が遠ざかっていくうちに、大したことはなかったのかもしれないと思いはじめるんです。パニックの記憶が薄れると、起きたことを間違って記憶しはじめる。本当にそれほどのことだったのかってね」

インタビューをしたとき、彼はすごく怒っていて、僕が怒ってらっしゃいますねと言うと、さらに怒りが増した。「もしあの危機がいちばん高まったときに、根本的に何も変わらないだろうなんて発言する人がいても、絶対に信じられなかったはずだ。それほどに、みんなパニック状態で怖がっていた。それなのに、どうだろう。何もなかったみたいに昔に戻っている。

〝死にかけた〟が〝生き延びた〟に変わってしまったんだ」

＊＊＊

怒りは複雑な感情だ。怒りはものすごいエネルギーを生み出すし、闘う相手がわかっているときにはすごく役に立つ。でも、怒りに無力感が加わると、気分が落ち込んで戻れなくなる。好奇心は、少なくとも一時の救いにはなる。僕はそれまでのインタビューをすべて読み返した。そして新しい質問をぶつけることにした。どうして何もしなかったのですか？　もし近所に原子炉があって、それが大銀行並みに目先のことしか考えずに動かされていたら、原子炉の従業員に内部告発してほしいと思いませんか？　もちろん、金融で働く人のほとんどは、自社やもっと広い意味での金融システムを破壊しかねない仕事に就いてるわけじゃない。でも、多くの人は何が問題かわかってるし、ほとんどの人が何度も利益相反や逆インセンティブを経験してる。次々に起きるスキャンダルが、その証明だ。

じゃあ、どうして中の人たちは行動しなかったんだろう？　もう少し前向きに言い換えよう。現実的に、内部からの変革を期待できるんだろうか？　それが、今回のブログの最後の大きな問いになるはずだけど、コメントを寄せてくれた多くの読者は、もう答えを決めつけているようだった。できるはずがないって。

金融業界の人たちの頭にはただ欲しかない、というイメージを持っている人がほとんどだし、マスコミの記事はそのイメージを煽っている。オリバー・ストーンの『ウォール街』から最近のマーティン・スコセッシの『ウルフ・オブ・ウォールストリート』まで、映画でもそんなふうに描かれている。でも、インタビューの相手に聞くと、〝欲〟だけじゃその行動の理由は説明しきれないように思えた。リーマン破たん後に、外の人は金融業界の〝欲〟ばかりを取り上げていたけれど、僕はそれが大きな間違いだと思うようになった。

ロンドンのあるパーティーで、金融の内幕を調査してるオランダ人っていうのは僕のことかと聞いてきた男性がいた。僕はそうですと答えて、スマートフォンでインタビューのいくつかを見せた。もちろん、相手の名前や勤務先がわからないように注意した。その男性は、世界最大級の金融機関のコンプライアンス部門で働いていた。国内でも欧州でもグローバルにも新しい規制が次々と課されるようになり、それらが矛盾していたり、まったく不必要だったりする、と彼は文句を言いはじめた。彼はビールをぐいっと一気飲みした。一杯目じゃないことは確かだ。そして、こう言った。「毎日、法に触れることを目にするよ。銀行が潰れるほどのことじゃないけど、牢屋行きになっても絶対におかしくないことを、毎日見てる」

たとえば？

一瞬言い淀んだ。「あ〜、言っちゃえ。〝オトモダチ〟企業の年次業績が、公式発表前にトレーディングフロアに出回ってることとか。上場予定の企業の調査レポートから、重大なコメントが削除されていたりとか……」

その男性の仕事は社内のチャイニーズウォールを見張ることだけど、それは「冗談みたいな仕事」だと、ムカついた調子で語っていた。ビールをもう一杯おごると、彼はほかの業界のベテランたちが僕に語ってくれたのと同じ話をしてくれた。その昔、金融でのキャリアは輝いて見えた。当時、シティの人間は自分がどこに勤めているかを口にしなかった。「オヤジの昔話みたいに聞こえるのはわかってる。でも、まともで人の役に立つ仕事をしながら、いい給料がもらえるような気がしてたんだ。はじめはそうだった。職場の雰囲気はよくて、仕事さえきちんとしてれば働き方も柔軟にできたし、子供との時間も持てた。で、アメリカ企業に買収されたんだ。それから、勤務時間が狂ったように長くなった。何度も解雇の波がきた。昔は勤続20年とか、30年のお祝いが毎週あった。今はない。ベテランはみんなクビになって、若い人はだれもひとつの会社に留まらない」

あ〜あ、酔っぱらったオヤジの愚痴じゃん、と思われるかもしれない。でも、彼が言っていた根本的な利益相反は本当に存在するし、その後しらふのときに何度か会ったが、彼の話は変わらなかった。

リスクとコンプライアンス部門は、フロントオフィスのバンカーからだけでなく、社内のほとんどの人間に軽く見られている。『トレーダー、デリバティブ、そして金』(エナジクス)の中で、バックオフィスのベテラン社員だったサティアジット・ダスは、コンプライアンス部門は「問題があったときに書類をすべてシュレッダーにかける係」だと思われていると書いていた。

パーティーで出会ったあの男性の役目も、金融機関の内部統制部門で働くほかの人たちの役目も、本来ならそれと正反対のはずだ。彼らはみんな、きちんと仕事がしたいと言っていた。でも、会社がそうさせてくれないと訴えていた。

それならなぜせめて、警告の声を上げなかったんですか？　パーティーで会ったあの男性を見つめると、彼の顔が失望で歪んだように見えた。「私に何ができる？　もう41なんだ。住宅ローンもあるし、子供もいる。銀行以外で私のスキルをだれが必要としてくれるんだ？」

クビになるのが心配だったんですか？　彼がにやりとした。「これまで長年さんざん汚れ仕事をやってきたからね。上の人はわかってるよ。もし私をクビにしたら、私が監督官庁に駆け込んで、大変なことになるってね」

⁂

愚痴っていたそのコンプライアンス担当者は、金融の中でも典型的な〝苦々しい思いを抱えた〟人だ。何もなかったように仕事を続けていた理由は、〝欲〟でも〝恐れ〟でもない。あえて無理やりに答えを引き出そうとすると、彼らはこう言う。「抜け出せなくなったんだ」

最初にその言葉を聞いたとき、悲惨だなと思った。でもロンドンに移ってイギリス人の中で暮らしていると、その意味が少しわかってきた。教育制度がその背景にある。よそ者の僕が驚いたのは、〝フェアプレー〟の発祥の地でもあり、守り神でもあるこの国が、金持ちの子供は貧乏人よりいい教育を受けられることを、当たり前に受け入れているように見えたことだ。

イギリスで私立学校に通うのは全体のわずか7パーセントなのに、医師やマスコミ、法律関係や行政の仕事に就くエリートの半分から3分の2は私立校出身者だ。学費が税引き後で年間数万ポンドにのぼる学校もある。右派も左派も、イギリスの政治家の驚くほど大部分がこうした学校の出身者だ。そのうえ、有名な評論家も、左派であっても、イートンなどの有名私立校出身で、子供も私立学校に通わせている。だからこの問題があまり政治的な優先課題にならないのかもしれない。自分がやっている行いには、反対しようがない。

意識の高いイギリスの親にとっては、悩みどころだ。一流大学を目指せるようなレベルの高い公立校もあるけれど、そこに通うには特定の学区に住まなければならないし、イギリスの読者はご存じのように、その地域の住宅はありえないくらい高額だ。

さらに都合の悪いことに、ロンドンの住宅バブルはアムステルダムよりも膨らんでいた。銀行の社員には住宅ローンの割引があるが、会社を辞めれば、割引もなくなる。スタッフの多くはほかの業種で求められるようなスキルを持っていないし、もしほかの仕事を見つけたとしても、給料が少なくとも2割は下がる。そうなったら、学費を払えるだろうか？

小さな子供のいる親は、特にロンドンに住んでいると、金融から抜けられなくなる。コンプライアンス担当者がイートン校やその他の一流校に子供を通わせるには、この業界で働くしかない。それほど名門でなくても年間最低5000ポンドはかかるし、負担は重い。学費だけじゃなく、制服、交通費、その他さまざまなものにおカネがかかるからだ。

同僚の犯罪を見逃したと語った男性も、この罠にはまった。偶然かもしれないけれど、僕がインタビューした内部統制部門の人で、その後自分から業界を去ったとメールで教えてくれた人たちは、例外なく子供がいなかった。

⁂

シティの中には、もっといいシステムを心から望んでいる人もいる。〝苦々しい思いを抱えた人たち〟の話の核心はそこだったし、同じようなことを別のグループの人たちからも聞いた。彼らもまた、職場で倫理的なジレンマに悩みながら行動を起こさなかった。だけどそれは、怖かったからでも、はまって抜けられなくなったからでもない。このグループは〝中立的な人たち〟と言っていいだろう。彼らはシティのいたるところにいる。金融機関の中にも外にも、バックオフィスにも、ミドルオフィスにも、フロントオフィスにも、そんな人たちがいた。

ある人事担当者は「あまり人目に触れない、金融機関の内情」を話してくれた。「クビにする人をかなり適当に決めることもあるんです。管理職の人たちとリストを見ます。産休中の女性は真っ先に切られます。病気療養中の人もそうですね」ワインに口をつけて、彼女は続けた。「ああ、こんなふうに言うと、最低の仕事みたいに聞こえますよね。だけど、この仕事がすごく好きなんです。興奮とか、挑戦とか、すごく優秀な弁護士とのバトルとか。頭を使うチェスみたいな感じです。金融ではほかの世界にいないような、本当に頭のいい人たちと仕事ができますから」

彼女の年収はおよそ10万ポンドだ。「もちろん、かなりの金額です。看護師だったら3人か4人分の年収ですよね」でも内側にいると、と彼女は続けた。「周りの人はもっともらってます。その人たちを見て、その仕事を見て、自分の能力と比べると、正直自分のほうが上だと思うことも多いんです。私はつつましく生活して、たくさん貯金に回してます。ロンドンにずっと住んでいたいから。この街を離れられません。だから、すごく稼がなくちゃいけないんです」

以前にインタビューしたベテランの役人もまた、中立派の典型だし、例のロックンロール・トレーダーもそうだ。「俺みたいな経験のあるトレーダーが、たとえば30万ポンドから100万ポンドの年収だとする。それなのに、この国のためにアフガニスタンで闘ってる兵士は2万2000ポンドしかもらえない。不思議なもんだ。それが公平なのかって聞かれたら、俺は500万ポンドもらってるやつのことを考えてしまう。自分のほうがやつより賢いことはわかってる。人生は不公平なものなんだ」

年収が軽く100万ポンドを超えそうな企業金融部門のバンカーは、こう言っていた。「ときどき思うんだ。外科医と私はどこが違うのかってね。外科医も私と同じくらい必死に働いて、実際に人の命を救ってる。なら、どうして私のほうがこれほどたくさんのおカネをもらえるのかってね。その答えは、外科医は一日に手術できる患者の人数に限りがあるってことだ。仕事の規模を拡大できない。投資銀行は案件額のパーセンテージをもらう。2億ポンドの案件でも10億ポンドの案件でも、仕事の量はそれほど変わらない。でも、手数料ははるかに高い。5倍ではないにしてもね」

それが、中立派の言い分だ。倫理的なジレンマをすべて考え抜いたあと、最後に行きつくのは「自分ひとりに何ができる?」ってところだ。納税者の支援がなければ、この銀行も自分の仕事もなくなってたはずだ。今じゃすごい金額のボーナスをもらってる。馬鹿げた話だ。でも、君が私の立場だったらどうする?

そのミリオンダラー氏の仕事は、ジャーナリストの仕事とそれほど変わらないし、「ちょっといい」くらいだと本人は言っていた。彼自身も政治的には中道左派だ、と。確かに彼の仕事は経済に必要とされているし、大変な仕事で、有益なのはわかる、と僕は言った。でも、ご自身は100万ポンドのボーナスに値するとお考えですか、と聞いてみた。

彼は肩をすくめた。「給料がスキルに見合っているかってことだね? クライアントが100億ポンドのファンドを運用していて、その失敗を防いだことで2パーセントの損失を免れたとして、それを年に2回か3回できれば……かなりの金額になると思う」

彼は遠い目をしてビールを飲み干し、こう聞いた。「君も僕も、先進国で生まれたことに値する人間かな?」

苦々しい思いを捨てきれない人間と中立派との違いは、金融で何が間違っているかについての意見の違いじゃない。今の形のシステムと、自分たちが受け取る報酬を平静に受け入れられるかどうかの違いだ。中立派はだいたいこんなふうなことを言う。「仕事に100パーセント打ち込んでるし、ものすごく知的にやりがいがあって面白いから、この仕事を楽しんでる。自分自身に後ろめたい部分はまったくないし、謝罪するつもりもない」

彼ら自身が規則を破ったこともなければ、無知なクライアントを騙すようなこともしていないという言葉は本当だろう。いずれにしろ、研究者にとっては理想の調査対象だ。苦々しい思いを抱えた人間や内部告発者と違って、中立派には怒りも憤慨もない。かといって、弁解がましく自分をことさらに持ち上げることもない。ただ自分は優秀だと認めるだけだ。

中立派と会話を重ねていくうちに、彼らがなぜそれほど簡単に、流れに従うのかがわかってきた。自分が声を上げたとしても、それが何の役に立つのか、と彼らは言う。「自分はクビになって、金融で二度と働けなくなる。だからといって、何も変わらない」

個人の二酸化炭素の排出に例えた中立派も何人かいた。「環境にやさしくするために、ひとりであれやこれや大変な苦労をする。それで問題が解決しただろうか？　何も変わらない。でも自分の生活は完全にぐちゃぐちゃになってる」

ひとりでは何の力もないことを受け入れたうえで、物事をさらに悪くしないように、できることをする、と中立派は言う。それを〝欲〟と決めつけるのは筋違いのように思えるし、もっとカネを稼ぐチャンスはあったけれどそうしなかった、と中立派の多くは言っていた。

例のロックンロール・トレーダーは、少なくとも年収50万ポンドは稼いでいたのに、「長い刑期を務めあげてるような気がすることもある」と言っていた。シティの外では、その給料のほんの一部しかもらえなくても、金融に長く留まるつもりはないと言う。子供にも金融の道に入ってほしくないらしい。「何も生み出してないから。何かを創作している人に惹かれる。これまでの10年以上の人生を、スクリーンの数字に囲まれて過ごしてきた。一生スクリーンの数字を取引し続けてるのって、健全じゃないだろ？」

もちろん、そう話すだけなら実際に転職するよりも簡単だ。でも、業界のボーナスの慣習を芝居じみた「年中行事」と切り捨てていたあのセールストレーダーにもう一度会ったとき、僕はこの目で、少なくとも一部のバンカーは、よく言われるような〝カネの亡者〟なんかじゃないってことを見た。

そのセールストレーダーは、最初のインタビューで、学生時代に世界中を旅行して回っている間に、ある地域で「たまたま」金融の仕事にありついたと言っていた。それから10年以上が過ぎた今、彼は年金など少数の主要投資家に助言を与えている。つまり、例のミリオンダラー氏のようなアナリストが書いた「彼の担当」地域についての調査レポートをクライアントに渡して、相談にも乗る。「たとえば、大手畜産会社で感染症が起きたとしよう。これは、一時的なものか、それとも会社の存亡に関わるものか？　僕のクライアントは毎日10社から15社のブローカーと話して、自分なりの見方をまとめる」

２００8年以前には、よく郵便受けに不動産屋のチラシが入っていた。「ボーナスの使い道にお困りじゃありませんか？」多額のボーナスをもらうと、勘違いしてしまうことに彼は気づいた。「ああ、自分はこれだけの価値のある人間だ、なんて思ってしまう。〝価値〟って言葉自体が、勘違いなんだ」

最初はレストランで会ったけれど、2度目は彼が自宅に招いてくれて、夕食をごちそうしてくれた。彼が、豪邸に引っ越して人生を〝格上げ〟していないことを、僕に見せてくれたわけだ。彼には子供もいなかった。お茶を飲みながら、仕事のいちばんの役得を話してくれた。彼の担当地域にクライアントを連れて行くことだ。「長年付き合って親密になったクライアントと一緒に地球の裏側まで行くのは、楽しいよ。国と企業が変わっていくのを、自分の目で見ることができる。なぜ僕がこの仕事を好きなのか、わかるだろ？」

株式のセールストレーダーにとって、これが大きな財産なんだと彼は言った。クライアントとの関係のことだ。「僕が別の会社に移ったら、クライアントも移る。だから、僕を引き抜くってことは、クライアントも引き抜くってことだ」

お茶を飲みながら、何度転職したか聞いた。引き抜かれて移ったことは？

彼は笑いながら、実は一度も転職していない、と言った。だから彼は会社でもめずらしい存在なのだと。「僕が仕事を始めた日にいた社員で、まだ同じトレーディングフロアにいる人間はひとりもいない。調査アナリスト、トレーダー、セールスも全部含めて300人ほどいたけど、全員どこかに行った。クビになった人もいれば、自分から出て行った人もいる」

彼の場合は、会社を変わっても、「ステップアップ」じゃなく「横滑り」になると言う。当然、報酬は上がる。そういうものだからだ。そうしないと引き抜けないからだ。でも、彼の得になるだろうか？「1年半くらいは今の倍は必死に働いて自分を証明し、同僚と親しい関係をつくらなくちゃならない」

かといって、忠誠心が彼の得になるわけではない。「転職してない人間は奇妙に見える。上の人たちは履歴書を見て、何かおかしいんじゃないかって思うんだ。特に昇進に関しては、外から来た人間が有利だ。何度か昇進を見送った人間を昇進させると、ほかにだれもいい人がいなかったように見えるから」

最後のお茶を飲みながら、シティの仕事は本当に目まぐるしいと彼は言った。「それに……冷静な人でも取り乱してしまう。僕にとってはクライアントと築いてきた関係や学んだ事はすべて大切だし、それをすごく楽しんできた。いい日もあれば、悪い日もある。もちろん見返りもある。今日は僕が成功しても、明日はだれか別の人間がそうなるって具合だ」

中立派とのインタビューは気持ちが良かったし、すごく役にも立った。彼らの話を通して金融業界の構造的な欠陥の多くが見えてきた。彼らは何も変えようと行動は起こさなかったけれど、非常に鋭い目で業界の問題点を見ていた。

中立派の対極にいるのが〝宇宙の支配者〟タイプだ。彼らが警告の声をあげなかった理由は、まったく違っていた。

10

宇宙の支配者

「大きな案件は冒険旅行みたいなもので、クライアントやほかの投資銀行の担当者と戦友のような絆が出来あがる。最初にクライアントに売り込むときには、すごくパリッとしてさわやかなんだ。それから、交渉や旅行や深夜のミーティングが続いて、ストレスがたまってたばこをまた吸うようになって……数か月後には同じ部屋で24時間みんな一緒に過ごすようになる。シャツの前ははだけてるし、体臭はするし、最後の最後で弁護士とやり合うことになって、それが何度も何度も続いて……そしてやっと書類に署名する。人間くさくて、汚くて、力ずくの仕事だ。戦争みたいなものだよ。『憶えてるか？　あのクライアントがあのときああ言って、こっちがこう言って……』なんてあとで懐かしむんだ」

新規上場の話をしてくれたのは、投資銀行

の元マネージング・ディレクターだ。鬱を患って戦線から脱落するまえ、彼は典型的な〝宇宙の支配者〟タイプのバンカーだった。意外なことに、このタイプのバンカーは、〝宇宙の支配者〟なんて呼ばれてることにまったく違和感がないようだった。この呼び名は、トム・ウルフが80年代に書いた『虚栄の篝火《かがり》』（文藝春秋）の中で、ウォール街で巨万の富を得た、野心満々の若者の傲慢さを皮肉った言葉だった。でも宇宙の支配者タイプのバンカーはこの呼び名の由来も知らなかったし、そんなことはどうでもいいと思っているようだった。文学も、皮肉も、どちらも気にしないようだった。

とはいえ、仕事の話をしている彼らを僕はすごいと思ったし、親しみさえ感じた。少なくともはじめのうちは。「案件を成功させると、ゴールを決めたような気分になる。ジャーナリストがスクープを抜いたときの気分かもしれない」と元マネージング・ディレクターは言った。案件の成功を、真剣にオーガズムに例える人もいたし、「麻薬みたい」だと言う人もいた。「成功を祝うメールが回る日は、天にも昇る感じなんだ。『だれそれが、なになにを成し遂げました』ってね。仲間が廊下で呼び止めてくれたり、ものすごい数のメールが届いたり。世界の頂点に登った気分だね」

僕の記事が初めてガーディアンの1面に載ったときに、まさにそんな気分だったってことを認めよう。誇りで胸がいっぱいになって、ものすごく気持ちが高揚した。これまで僕を無視してた同僚も、急に僕の存在を思い出したように接してきた。

中立派が仕事について話すとき、日々パズルをはめていくような作業や〝結局はただの仕事〟として捉えているのに対して、〝宇宙の支配者〟タイプは、それ以上の大きな何かが仕事に懸かっているように語っていた。彼らは職場では尊大で自意識が強く個性を発散させて、仕事を自分を証明するためのレースか試合のように考えていた。

もともと負けず嫌いの彼らはこの仕事を楽しみ、いい勝負に喜びを感じるようだった。〝仕事も遊びも一所懸命〟が彼らのモットーで、言葉遣いも攻撃的だった。「ここで人より前に出たければ、ガンガン攻めてくことが必要だし、いつも強く自分を押し出していかないとだめだ」

「私らがやってるようなこの種の案件は、クライアントにとって、とにかくすごく重要なんだ」あるベテランバンカーはそう言った。「はっきり言えば、クライアントを金持ちにしてやることができるんだ。上場価格が上がるにつれて、こっちの懐もさらに潤うような契約をクライアントが望むことも多い。世界中どの地域のクライアントも、こちらが24時間365日いつでも電話に出るのが当たり前だと思ってる。電話を受けてそのまま飛行場に行き、言われた場所に飛ぶこともある。交渉ではまずお互いを疲れさせて、最後の最後まで妥協に応じない。だからたいていの交渉は長引くし、終わるのが夕方だったり夜だったり週末だったりする。朝方、妻と子供たちが起きる時間に家に帰ることもある」

彼らは、この仕事が「地球上でいちばんやりがいがあってエキサイティングだ」と言い、同じ気持ちの同僚との間に強い仲間意識を持っている。でも、友情なんて言葉はほとんど聞かないし、「連帯」なんてもっと聞かない。スポーツや戦争の例えはよく聞いた。数か月間ひとつの案件のために働くチームは「特殊部隊」で、スクリーンで埋まったトレーディングフロアは「塹壕」だ。「弾が頭の上を飛び交い、トレーダーは射撃手で、その部下は医療班や弾薬の補てん係だ」

僕が初めてインタビューした〝宇宙の支配者〟タイプは、金融の王道を歩んできた女性だった。30代後半のアジア系で、イギリスの中流家庭に育ち、一流大学で学び、そのまま一流投資銀行に採用された。

私のようなタイプは情報を一瞬で処理するように訓練されているの、と言っていた。「私たちは情報のオリンピック選手で、だれがそこに一番に着くかを競争しているわけ。闘争って言ったほうがいいかも」大手金融機関の調査アナリストとして仕事を始めたころ、重大ニュースのあとに、5分で見解をまとめなければならなかった。セールスがすぐにそれを世界中の投資家にばらまく。「重要なニュースを見ると、私の頭も身体もとっさに変わる。考えるまえに身体が反応することもあるわ」

世界一流の投資銀行のアナリストが持つ力と影響力はすごいものがある、と彼女はますます強い調子で語りはじめた。「私が調査対象企業の推奨を『中立』から『買い』に変えたら、株価が5パーセント上がることもある。株主と、おそらくCEOを、私が大金持ちにしたってことなのよ」

彼女は僕の目をまっすぐ見つめてこう聞いた。「今この瞬間にイスラエルがイランを攻撃するところだって聞いたとするわね。あなただったらどうする?」

僕は少し考えてこう言った。「わからないな。家に帰って家族の無事を確かめるとか?」

彼女は驚いたように笑った。まるで僕が彼女の秘密をばらしちゃったみたいに。「そっか、あなた、現実の世界に生きてるのよね。私ならまずこう考える。原油供給の混乱を予期して、原油のコールオプションを買う。アメリカの防衛関連株を買う。それから次に起きることを予想する。投資の前提と評価にこれがどう影響するかを考えるの。イスラエルの攻撃によって起きるあらゆるシナリオを思い浮かべて、それに確率をつける。だれが再建をすることになる?もし体制がアメリカ寄りになるなら、ハリバートンが有力、だから買い。もっとあるわ」

彼女は投資銀行からヘッジファンドに転職し、他人のカネを運用していた。金融でいちばん頭のいい人たちがここに集まるのよ、と言っていた。「ヘッジファンドの人間は、投資銀行の人間に優越感をいだいてる。まず、ヘッジファンドのトップは投資銀行のCEOより何倍も稼いでる。それから、ヘッジファンドは投資銀行経由で売買する。投資銀行に手数料を落とすお得意様なの。最後に、ヘッジファンドは実際におカネを賭けて勝負する。金融機関は潰れそうになったらだれかが助けてくれるけど、ヘッジファンドは損したらそれで終わりよ」

金融はものすごくやりがいと刺激のある環境だと、うれしそうに言っていた。「優秀な人に囲まれて、効率を追求できる。私は21歳のときからずっと5つ星のホテルに泊まってる。ビジネスクラスで旅行して、プライベートジェットを持ってる人と付き合ってきたわ」

これぞ〝宇宙の支配者〟の真骨頂だ。そのとき、やっぱり僕とは違う人種だってことがわかった。僕の彼女はだれもプライベートジェットを持ってなかったけれど、それだけが理由じゃない。

いちばんの違いは、報酬とインセンティブのシステムだ。ジャーナリストは自分たちの記事がオンラインでどれくらいのアクセス数を集めているかを気にすることはあっても、それがすべてじゃない。でも投資銀行では、仕事のすべてが数字に収れんされる。勝ち取ったIPOの件数やM&Aの件数、そしていくら手数料を稼いだか。どれだけ取引したか。複雑な金融商品の開発と販売でどれだけの利益を得たか。資産運用者として、投資家からどのくらいのおカネを預けてもらえたか。

自分の〝成果〟を測れれば、同僚と比べることもできるようになるし、それがシティで、しかも四六時中起きていることだ。以前に紹介した、暗号のような肩書を憶えているだろうか？シティ中に〝M&A、テレコム、欧州中東アフリカ〟担当のディレクターがおそらく10人から15人はいるし、欧州担当の〝エクイティ・デリバティブズ・ストラクチャー〟部門のヴァイスプレジデントもそのくらいはいる。ほとんど全員がそうした専門分野を持ち、評価会社がその分野での成績を比較する番付表を発表している。業界の全員がこの番付表を見るので、〝宇宙の支配者〟タイプは自分の仕事を日々の争いや試合と捉えるだけでなく、長期のリーグ戦か終わりのない勝ち抜き戦のように感じている。

金融の世界は成果主義で、トップにいる人たちはこんなことを言う。「サッカー界でも、ロナウドやメッシのようなトップ選手はものすごい金額を稼いでいる。私は、欧州医薬品産業のM&A界のメッシなんだ」

中立派はそんなことを冗談以外では口にしないけれど、宇宙の支配者タイプは皮肉でもなんでもなく、さらっとこうした発言をする。金融のインサイダーが、金融人向けに書いた『サルになれなかった僕たち——なぜ外資系金融機関は高給取りなのか』（主婦の友社）も、この点を描いていた。金融の世界は成果主義だ。

周りを見回してみるといい、と宇宙の支配者は誇らしげに謳いあげる。「シティにはあらゆる国から、あらゆる社会階層の人が集まっている。ここではどんな人にもチャンスがあるが、いちばん優秀なものだけが生き残る。私はそのひとりだし、それは最高の気分だ」

＊＊

金融業界へのさまざまな批判を〝宇宙の支配者〟にぶつけてみると、中立派と同じ答えが返ってきた。自分の仕事は世の中の役に立っていて、合法で、ロンドンとイギリス経済の核になっていると言う。でも中立派と違う部分もあった。宇宙の支配者たちは、ほぼ何も考えずに〝正しい〟答えを諳《そら》んじていた。それはまるで、オリンピック選手がジャーナリストに、次の開催国に人権侵害があってもボイコットすべきではない、とすらすら答えているような感じだった。

宇宙の支配者はいらついたり、怒ったりすることもしょっちゅうだった。どうしてわからないんだ？　ただ羨ましがってるだけじゃないのか？　それとも凡庸な人生のほうがいいと思ってるのか？

すべてを聞き終えたあと、彼らの仕事に対するプライドが、僕には否認と自分へのごまかしのように思えた。でもそのことを少しでもほのめかしたとたん、インタビューが急にがらりと変わってしまう。苦々しい思いを抱えた人や中立派と違って、宇宙の支配者は業界への批判を個人的に受け止めてしまい、会話がいきなり言葉の闘いというか、知的なチェスの対戦みたいになった。僕が批判の一片を口にすると、相手がそれに必ず反証をあげるのだ。

非クオンツはまったく理解できていないと言っていたあの天才クオンツもまた、宇宙の支配者の典型だった。50代半ばで面白おかしく歯に衣着せず、見栄も張らない彼は、アムステルダム最大の屋台街の店主みたいだった。ダイエットコーラとコーヒーをがぶ飲みして、僕がクランベリージュースを頼んだことをネタにからかいはじめた。

「俺は訛りがあるから……まともな学校にも行ってないし。40年前ならシティで面接してもらえなかっただろう。でも今の金融は完全な実力主義の世界だ。ゲイでも黒人でも労働者階級でもかまわない。ほかの人より秀でていれば上に登れる」

成果主義のシステムのおかげでここまで来られた、と彼は言った。投資銀行をカジノやギャンブルに例えられるとすごくムカつくし、だから「もっと客観的な評価を提供したくて」自分からインタビューに名乗り出た。投資銀行はギャンブラーの集まりだなんて批判を、彼は一蹴した。「投資銀行からすると、だれかの尻を叩いてある年に5000万ドル稼がせても、翌年同じだけすってしまえば、意味がない。そういうのを〝一発屋〟って呼んでて、銀行は一発屋を雇わないようにすごく気をつけているし、だめなヤツは切られる」

「金融ほどよく内省する業界はないと思う。一発屋をいちばん恐れるのはだれだと思う？　トレーダーと、リスクテイカーなんだ。自分たちが一発屋になるのを恐れて、いつも自分に問いかけている。単に運がよかったのか？　何が起きてるのか？　何か見落としてないか？」

またコーラを飲んで、こう続けた。「金融で働いている人間の大多数はまともで尊敬できるし、見上げた仕事をしてる」

これじゃ反論してくれって誘ってるようなものだ。ちょうどそのときは、別の金融のスキャンダルが報道されている真っ最中だった。多くの金融機関で、多くのトレーダーがぜんぜんまともでも尊敬もできないような行為に手を染めていた。「腐ったリンゴだよ」と彼は肩をすくめて言った。俺の会社じゃそんなことは起きない。

なら、2008年の危機を引き起こした、リスクの高すぎる商品はどうなんですか？　またどうってことないって身振りを見せた。「投資銀行はすごく仲間うちのプレッシャーが大きいって知ってるだろ。だれかが大きなリスクを取れば、みんながこう言い出す。『ちょっと待てよ。こいつが1億ドル損したら、俺のボーナスも吹っ飛ぶ』ってね。大きな損を出したヤツは〝つまはじき〟扱いさ」

僕は多額のボーナスと法外な報酬のことについて持ち出してみた。自由市場では、価格競争が賃金の低下につながる。いちばん人件費の少ない投資銀行が、最低価格を提供できる。それが自由市場ってものじゃないんですか？　彼はしぶしぶといった感じでこう認めた。金融は参入障壁が高くて、新しい会社がほとんど生まれない。規則でがんじがらめになっていて、大勢のコンプライアンス要員を雇わないといけないからだ。2008年以降にできた新しい規則に関しては、「正直言えば、あれに従うにはものすごくカネがかかるし、9割がた形だけのものだ」。

とにかく、と彼は続けた。「俺の中のリバタリアンは、こう言ってる。もしこれほどカネをかけずに金融ができるなら、だれかがやるだろう、ってね。今はコストがかかりすぎるんだ」

そんな感じで、彼は金融への批判をひとつのこらず蹴散らしてみせた。業界や投資銀行が悪いんじゃない。自分の会社も、社員たちも悪くない。金融危機？　市場を捻じ曲げるような政府の政策と、巨大保険会社のＡＩＧの無能さがたまたま重なった結果の災厄だ。

それに、と彼は付け加えた。起きる確率はありえないほど低くても、ものすごくインパクトの大きな出来事っていうのがある。「2001年9月11日の朝8時45分に、2機の飛行機が世界貿易センターに突っ込む確率なんて、限りなくゼロに近いだろ。でもそれが起きたんだ」

***

宇宙の支配者タイプは、本当に自信があるんだろうか？　僕は一度だけ、その裏の顔を見る機会を得た。それは、一本のメールから始まった。

「ハッピーなバンカーと話してみたくないかね？　これまでのインタビューの相手はみんな、すごく……悲惨に見えたから」

僕たちはカナリーワーフのレストランで昼食を取ることにした。大勢の人が食事と、食事相手と、携帯電話に気を取られている場所だ。彼は45歳くらいのセールスマンで、メガバンクの財務部門でディレクターをしていた。内部のキャッシュフロー管理のために、この銀行は特殊な商品を開発し、ほかの金融機関や事業会社に販売していた。その営業をしていたのが、この「ハッピーなバンカー」だ。

僕たちは食事を注文し、彼が僕のブログを読んで少し「心配」になったと言った。「読者が金融に歪んだイメージを持ってしまうような気がして。ハッピーなバンカーもたくさんいるのに。私は仕事が大好きだし、売ってる商品も有益なものだ。銀行のリスクを管理したり回避したりできるし、クライアントのリスク管理を助けることもできる。反対できる人はいないだろう」

彼は肩をすくめた。「ブログの中にはすごく金融に否定的な人もいて……こんな言い方はあまり良くないけれど、あれは成功できなかった人たちだ。会社から追い出されて、メディアに文句を言っている。もちろん、認めるのが難しいのはわかる。同僚たちがまだ机についてる中で、出て行かなくちゃならないんだから。同僚のほうが優秀だってことだからね。クビになるのは、女性に振られるのに似てる。『私じゃなくて、あなたに問題があるのよ』って言われるようなものだ」

「競争の厳しさ」が金融の魅力だし、「成績を上げなければ必ずクビにされるような」成果主義にも惹かれたと言う。「私は、サメと泳いで、生き延びられるかどうかを知りたいと思うタイプの人間なんだ。厳しい成果を求められたときに、成長できると感じる。カネのためじゃなくてスリルのために働くのが、ハッピーなバンカーだ」

彼は大学を中退していたけれど、銀行から資格を問われたことはない。人種差別や男尊女卑やゲイ差別も見たことがない。「だれであろうと、みんなそんなことはどうでもいいんだ。何ができるかってことしか見ないから」

彼は一瞬黙った。僕は必死にノートを取りながら、こう考えていた。これは最上のネタだ。

最高品質の25カラット級〝宇宙の支配者〟だぞ。自分の銀行にいる人たちは、みんなまともでいい人たちばかりだと彼は言い張った。「そりゃたまには例外的に変な悪いヤツもいなくはない。どうして追い出さないかって？　利益を上げてる限りクビにできないんだ」

彼はにやりと笑って、最近行った夕食会の話を始めた。「色んな仕事の人たちが来てた。ある女性に、お仕事は何ですかって聞かれた。バンカーだってことを隠すやつもいる。でも俺は隠さない。何人かのグループでテーブルについていて、私の前にいた男が『外科医です』って言ったんだ。医者はもてる。私の番が来て、バンカーだって言った。そしたら、喧々囂々の議論が始まって、外科医を見ろ、人の役に立つことをやってるじゃないかって言うヤツがいた。だから私はこう言ったんだ。『金融も同じくらい人の役に立ってると思います』ってね。すると隣に座ってた女がすごい勢いで、バンカーは寄生虫でけしからんみたいなことを言いはじめた。俺に恨みでもあるみたいに攻撃しながら、テーブルの下で、俺の腿に手を置いてきた。そういうのに惹かれる女もいるんだ。バンカーは金持ちで悪い男だと思ってる女がね」

それがハッピーなバンカーのインタビューだった。僕は原稿の下書きを彼に送り、彼は自分だとバレそうな失敗案件の逸話を外した。インタビュー記事をアップする寸前に、彼からメールが来た。ちょっと待ってほしいと言う。

僕たちはもう一度会うことにした。今回はル・コック・ダルジャンといういかにもな名前の場所だ。それはビルの屋上にある高級なバーとレストランで、シティの中心にあり、昔の証券取引所を一望できた。高いフェンスが張られたばかりの屋上から、数週間前にバンカーが飛び降りて自殺していた。

自殺するほどではなかったにしろ、僕の目の前に座っていたのは別人のような彼だった。そのまえの週に、〝通告〟を受けたのだ。妻に電話をしてクビになったことを伝えているときに、抑えていた感情が表に出た。「クビになったことと、家計がどうなるかを伝えた。家族にどんな影響があるかと思ったとき、初めて感情的になった。数日後にオフィスに戻って残務整理をしていると、残った人たちは発破をかけられたとわかったよ。まえのときもそうだったと思い出した」

僕たちはコーヒーのお代わりを頼んだ。彼は今じゃ時間がある。「たぶん、自分でもどこかでわかってたんだと思う」まえのインタビューのことだ。「あのときにはもう上で決まってて、無意識にそのことに気づいてたのかな？　あんなふうに話すことで、心の準備をしていたのかもしれない」

思い返すと、勝手な思い込みにとらわれていたと言う。「自分の運命は自分で決められる。自分さえ優秀なら、悪いことなど起きない。何も悪いことが起きていないのだから、自分は優秀なはずだ。兵士が、自分がミスさえしなければ死ぬことはないはずだと自分に言い聞かせるのと同じことだ。最高の兵士だって、地雷を踏むことはあるのに」

会社側ははじめからすぐに悪い知らせを切り出した。彼もわかっているだろうという感じで、しかもいつもの「君が悪いんじゃなくて、会社が大変だから」という言い訳さえ持ち出した。彼と同じ階級の頭数自体を減らすことになった、という説明だった。同じ階級の人間の中では、ほかの人たちのほうが経験豊かだった。

会社側はすごく事務的で、手続きをはっきりと教えてくれた。それだけだった。彼は自分が取り乱さなかったことを誇りに思うと言っていた。「顔を上げてそれを受け入れ、取り乱さず、プロらしく対応した。上司は、『自分の番になったら、君のように落ち着いていたいよ』とまで言ってくれた」

上司とのミーティングが始まったとたんに、電話とメールが停止された理由を彼はわかっていた。「俺が頭にきてクライアントに電話をかけまくったり、変なメールを送り散らしたり、クライアントのCEOに何か訴えたりするかもしれないからね。クライアントの契約書はオフィスにあるし……クビを言い渡されたらすぐに出て行かされるのはわかる。そこにいられちゃ邪魔なだけだからね」

警備員が見張っているなかで荷物をまとめていると、クビになったことを知らない同僚が彼に仕事の質問をしてきた。「だから、教えてやらなくちゃならなかった。『今クビになったんだ』そしたら、そいつは仕事のことで何か聞いてきた。引き継ぎってやつだ」そのハッピーなバンカーはため息をついて諦めたような声を出した。「もちろん、気まずかったよ」数分後、彼は荷物を持って外に立ち、社員証も取り上げられて、妻に電話をかけていた。

職場の同僚とはもう付き合いもない。「出かけても、仕事のことしか話さないから。付き合う必要もない。それに投資銀行は傭兵の集まりみたいなものだから。この業界は厳しいから、あまり親しくなりすぎないようにみんな慎重になる。絆が一瞬で終わることもあるからね」

ラッシュアワーが近づき、下の方で車の騒音が聞こえる。カクテルを楽しむきちんとした装いの人でルーフテラスが埋まりはじめた。またコーヒーをお代わりすると、その値段に見合うようなクッキーがついてきた。

「こんなことになって、大変でしたね」僕は言葉を選びながら切り出した。「でも、このブログが興味深い実験だということには、賛成いただけますよね」訊ねにくかったけれど聞いてみた。〝サメと泳ぐ〟のが好きなら、つらい質問にだって答えられるはずだ。「この間、いちばん優秀な人だけが投資銀行で生き残るって言ってましたよね。クビになった今は……」

彼の目を見て、自分の言葉を悔やんだ。「今でも投資銀行がひどい職場だとは思わない。もちろん合わない人もいるのは確かだけど、俺には合ってる。野生の動物の一生は苦しみがほとんどだって言われてる。ストレスと恐怖と痛みに満ちてるんだ。でも、ペットのほうが幸せだと思うかね？　俺は野生のほうがいい」

＊＊＊

宇宙の支配者がロンドンで派手にカネを使っているのを見ると、僕はあのハッピーなバンカーを思い出し、彼が突然自分の弱さに気づいたことを考える。僕たちはその後も連絡を取り合っていたが、彼が金融業界の健全さについて意見を変えたかどうかはわからなかった。

宇宙の支配者タイプが、たとえ自分自身が痛手を負っていても、あえて金融業界を必死に擁護する様子は、興味深かった。宇宙の支配者とのインタビューは、ディベートのコンテストのようだったことはさっきも書いた。そのいい例が、ブログへのコメントに対して、例の天才クオンツに自由に返答してもらったときのことだ。ガーディアンの編集者が、「金融で働いている人の大部分はまともな人間だ」という見出しを付けたとき、多くの読者がその言葉に反発した。このブログには500を超えるコメントが付き、その多くは怒っているか批判的なもので、ブログを上げてから1時間もしないうちにだれかがホロコーストの話を持ち出したほどだった。

記事の公開から72時間後まではコメントを投稿できるようになっていて、例の天才クオンツが議論に飛び込んだ。でも個人攻撃や誹謗中傷には反応しなかったし、お行儀の悪い敵とは一線を引いていた。

そのあとで僕は、彼に楽しんだかどうかをメールで聞いてみた。くせになりそうだ、という返事が来た。でも気がついたら夜中の2時になっていて、翌朝早くに重要な会議があるので議論をやめなくちゃならなかったらしい。

一方で、こういった「ディベート」が、有益かどうかはわからない、とも書いていた。「核心を突くような話を期待していた。でも、インターネットは対面と違ってわりと簡単に侮辱や憎悪を生み出してしまう。金融の機能や仕組みへの理解不足のほうが僕には驚きだった。例えて言うなら、ボクシングを禁止すべきかどうかを議論しているのに、みんなが『水中でやるボクシングは溺れてしまうから禁止すべきだ』って言ってるように思えた。ボクシングは水中のスポーツじゃないってことに議論が向かってしまって、本当の問題を話し合うことができないんだ。金融業界そのものより、人々の反応のほうが人類学的な意味で学ぶことが多かったよ」

それは宇宙の支配者のいちばんいいところだ。最善を尽くしてどんな議論にも勝とうとするが、ズルはしない。その天才クオンツは、〝大きすぎて潰せない〟銀行の存在には強く反対していた。このことに関しては、すぐに改革が必要だと思っていた。どうやっても負けないとしたら、試合の意味がなくなってしまう。

金融が内側から変わるとしても、それをするのは宇宙の支配者ではない。極端に負けず嫌いの宇宙の支配者が、超複雑な金融商品を売れる限り売りまくり、片目で番付表を見やりながら〝買い手責任〟を唱え、一方で小さな年金基金や〝ヨーロッパの〟どこかの地方自治体の身ぐるみをはがそうとするのは当然だ。

業界の利益相反や逆インセンティブを認めようとしない彼らが、内部告発なんてするはずがない。

それでも、宇宙の支配者タイプがこの業界を楽しみ、充実感をいだいているのはわかる。結局、彼らはカネではなくステータスを求めているのだ。それは、金メダルのためにすべてを犠牲にするアスリートみたいなものだ。彼らはメダル自体に固執しているというよりも、勝って表彰台に立ち、国歌に耳を傾けて、「自分が一番」と思えることが目標なのだ。

ジャーナリズムの世界にも、宇宙の支配者タイプはいる。なんでも自分を一番に考えるし、一緒に働くにはイヤなヤツだし、メディアへの批判を自分への批判のように捉えるような人間だ。でも、その仕事がだれよりも優れていることも多い。

宇宙の支配者タイプについてひとつだけ言えるのは、少なくとも彼らは対話をして、そこで自分を正当化したいと感じていることだ。だけど、外の世界とまったく関わりをもちたがらない別のタイプもいた。

11

バブルな人生

典型的な〝金融ひと筋タイプ〟のバンカーにとって、仕事は試練じゃない。そこが〝苦々しい思いを抱えたタイプ〟と違う。中立派みたいに〝ただの仕事〟だとも思ってないし、宇宙の支配者タイプみたいに輝かしい勝利への道だとも思っていない。金融ひと筋タイプにとっては仕事が人生のすべてなのだ。

このタイプに近づくには、偶然を狙うしかない。酒場で会話のチャンスを窺ったり、飛行機で知り合いになったり、イギリス人がよく言う〝夕食会〟で隣に座ったり。そんなチャンスはたまにしかないし、ほんのちょっとしか話せないから、金融危機やスキャンダルの話題を持ち出す時間はない。金融業界が負う社会への倫理的な責任なんて、とても話せない。もしそんな話題を出したら、そこで会話が終わってしまう。「返せないような借金を無理やり負わせようとしたわけじゃない」とか「政治家に責任がある。実質的に住宅資金を補助して市場を歪めたんだから」とか、「不動産価格が上がってるときにはだれも文句なんて言わなかったのに。違いますか?」とか。

そうなったら僕は、無粋なオランダ人にしてはできる限り柔らかく、でもできるだけ正直に〝金融の人たち〟の責任は重大だし、まだ議論が足りないんじゃないかってことを切り出す。もちろん、金融界全体に根付いた問題があることもわかりますが……なんて言いながら返事を引き出そうとする。

そう聞くと、苦々しい思いを抱えたタイプと中立派は、自分が見たこと、考えたこと、改善すべきことを話しだすし、宇宙の支配者タイプは、僕が銀行叩きのプロパガンダにだまされているんだと一所懸命に説明しだす。金融ひと筋タイプはまったく反応しない。ほんの少しでもやんわりと批判めいたことを口にしようものなら、違う世界の人間だと切り捨ててしまう。まるで、熱狂的なサッカーファンが、ライバルチームの地元民に敵意を持つように。それでも、このタイプのバンカーを研究することはできる。僕は、金融ひと筋タイプと一緒に働いたり暮らしたりしていた人たちや、以前は自身がそうだったという人に話を聞いた。後者は、昔は金融ひと筋だったけれど鬱になってしまったり、クビになったり、パートナーに捨てられたりして、無理やり〝現実〟に引き戻されたと告白する人たちだ。

〝金融ひと筋〟になるまでの過程は、意識しないほどゆっくりだったと彼らは語っていた。

きっかけは生活時間だ。彼らは何年間も、ほとんど寝る間もなく、起きている時間のほとんどを職場で過ごしていた。みんなこう口を揃えていた。「病気になれない」だから、どんなに気分がすぐれなくても、自分を引きずって職場に行く。午前2時まで働いた翌日、出勤に5分遅れたとしよう。もし下っ端なら、上司に怒鳴りつけられる。

〝職場にいる時間〟が鍵だ。仕事に長時間をつぎ込んでいることを、きちんと上司に見せないとだめなのだ。特に案件の進行中は、〝徹夜〟は当たり前だ。朝7時まで働いてタクシーで家に帰ってシャワーを浴びて着替えて、同じタクシーで職場に戻る。「あんな寝不足に耐えられるなんて思いませんでした」と言うのは、大手投資銀行で案件の執行に数か月関わったインターンだ。「でも、人間って慣れるもんですね。いつも夕方の4時くらいに倒れそうになりますけど、なんとか持ちこたえます。出社は9時で、帰宅はだいたい夜の12時ごろで、朝の3時なんてこともしょっちゅうあります。何日か続けて12時前に帰れたら、すごいラッキーだと思います。何週か続けて週末に休めたときにも、そう思うんです」

上司は好きなときに部下を呼び出せる。週末だってそうだ。だから、何も計画を立てられないし、ここまでやったらあとはのんびりできるという区切りもない。友達や恋人と一緒にいるときに、携帯端末が点灯しはじめて、胃がぎゅっと縮むような感覚にもすぐに慣れる。「そうなったらチェックしないわけにいかないし、なにか重要なことが起きたかどうかを知らなくちゃならないんです」投資銀行は自分には向かないと自覚して、2年で辞めた女性はそう言っていた。投資銀行に勤める友達と平日の夜に食事に出かけると、全員が決まった時間にスマホをチェックしていた。

社員は使い捨てみたいに扱われ、会社が必要とするときにはすべてを投げ捨てて仕事を優先することを求められる。でも、その次の瞬間にはクビを言い渡されて5分後には建物を追い出されることもある。つまり、突然にいなくなっても大丈夫ってことだ。

そんな環境では、仲間内でお互いを出し抜こうとするようになる。だれがいちばん多くの犠牲を払ったかの争いになる。ある若手はマネージングディレクターに、仕事で祖母の葬式にも出られなかったと話した。すると、その上司はとっさにこう言い返したそうだ。「俺だって舅の葬式に出られなかったぞ！」

出張中に家族が大変な事故にあったと知らされたとしよう。上司は戻ってもいいと言いながら、もしここに留まったらヒーローになれるのにと匂わせる。だからそこに留まって家族の無事を祈ることになる。親友の結婚式にも出られない。子供が生まれる瞬間にも立ち会えない。両親が遠路はるばるオーストラリアやアルゼンチンやシンガポールからやってきても、上司にこき使われているので、ほとんど会う暇もない。

先ほどの2年で自分から辞めた女性は、特別に不満があったわけではなく、とても価値のある2年間だったと語っていた。「ストレスへの対処法も学んだし、サルでもできる仕事をやらされたときに腐らないようにもなりました。でも、本当に学んだのは、自分についてです。

驚くほどすぐに自分を見失えることがわかりましたし、自分自身がいちばんイヤな人間に簡単になれるってことがわかったんです」

アジアで育った彼女は、幼いころから究極の貧困を間近に見て育った。私みたいな生い立ちなら地に足がついてるはずだ、って思われるでしょう？　でも仕事でイライラが募ると、ささいなことで大荒れしていたらしい。「ずっとストレスを感じていて、仕事以外でもいつもその状態が続いていました。自動販売機にチョコが詰まっていたり、タクシーが遅れたり、渋滞にはまったりしただけでも、すごくイライラしていました。ちょっとしたことに過剰に反応してしまってました」

その若い女性は身勝手になり、自分だけの世界に閉じこもってしまっていたことに気がついた。「現実の問題が存在する世界が、そこにあることを忘れてしまうんです」

それは耐久戦であり消耗戦だと、インタビュー相手の多くが言っていた。靄のかかった状態で何年も過ごすうちに、金融以外の友達はいなくなる。何度もドタキャンを繰り返していると、友達から見捨てられるからだ。恋人？　セックスだけなら可能だけど、愛のある生活は望めない。

あるメガバンクの若いセールストレーダーと、セントポール大聖堂近くの寿司屋で昼食を取りながら、愛について語った。大学で数学を専攻していた20代半ばの彼は、「イギリスの労働者階級」出身だと言っていた。彼の大学にはあらゆる大手企業が採用の〝売り込み〟にやってくる。金融機関の初任給を見て、2万ポンドの学資ローンを返せると思い、応募した。「もちろん、これしかないって思いました」トレーディングフロアの仕事がどんなものかまったく知らなかったと言う。「給料しか見ませんでした」

それが数年前だ。今では隣の席に座っている30代前半で子供のいる先輩が、朝6時半に出社して夜の7時か8時まで帰宅しないのを見ている。子供にいい未来を与えるためにそうしている、とその先輩は言っていた。「日に3回お子さんに電話をしているんです。そうやって連絡を取るしかないんですよ」

この仕事に就いてから、「いちばん親しい人たちに、変わったねって言われます」と彼は語っていた。恋人は？　まだ付き合いはじめたばかりで、彼女はバンカーになるまえの彼を知らない。金融の人間じゃないけれど、彼女も「とんでもない時間」まで働いている。帰宅が夜9時を過ぎれば、会社からタクシー代が出る。帰りのタクシーの中からお互いに電話をかけるときが、唯一、会話のできる時間だ。

続きますかね？「ぜんぜん会えなかったら、彼女はいつまでも待ってるはずないですよね。埋め合わせで我慢できれば別ですけど。時間がないなら高いプレゼントとか。でもそれじゃ恋愛とは言えませんよね。クビになったら振られちゃう」

このインタビューのすぐあとに、彼は仕事を辞めた。辞めてない人たちは、これが永遠に続くわけじゃないという前提で仕事を続けている。確かにそうだ。30代前半になれば、バカバカしい勤務時間は終わって、また金融以外の友人や知人との付き合いを始めようと思えば始められる。でも、もうここまでくると、金融以外の人とは経済的な格差が開きすぎて、付き合えなくなっている。

その若者はこう言っていた。考えてみてくださいよ。22歳で4万5000ポンドとボーナスをもらってるんです。大学を卒業した翌年ですよ。

問題は、6か月もすればそれに慣れてしまうことだ。「一晩に250ポンド使っても、何も感じなくなる」というのは、別のバンカーだ。彼も2年で仕事を辞めた。「夕食に100ポンドも使って、ああ、あんまり高くなかったなって普通に思うようになる」

例のハッピーなバンカーは、父親の25年分の稼ぎよりも彼の年収のほうが多かったと言っていた。お父さんはなんと言っていましたか、と聞いてみた。「父には打ち明けられなかった。できないよ。うちは労働者階級で、父は造船所で働いていた。友達に稼ぎを話そうものなら、犯罪にでも関わってると思われただろうね」

金融以外の人とは収入の差が大きすぎるし、贅沢な生活も自分たちを外界から隔ててしまう。シングルマザーゆえに2倍の収入が必要だったから金融の仕事を選んだというあのマーケティング責任者の女性は言った。「どうでもいいことにバカみたいにこだわるようになるの。どの航空会社がいいとか、どのレストランで食べるかとかね」

自分から投資銀行を辞めたある若者は、同僚がいつも電話にはりついてレストランを予約していたと言っていた。「4人でお願いします。こっちは6人でお願いします、ってね。ロンドンのレストラン業界はバンカーを愛してるはずだよ。週末の請求書を週明けに持ってくるヤツらもいた。一晩で1000ポンドなんてのも、めずらしくなかった」

キリアン・ワオウェは、オランダとモナコでABNアムロの資産運用部門の人事を担当したあとに、ボーナス文化の本質を突く本を書き、研究者になった。以前はビジネスクラスで世界中を飛び回っていて、このことが彼にある特殊な影響を及ぼした。「空港では汗にまみれた人たちの列を横目に、プラチナカードを持った自分が通り過ぎる。ビジネスクラスの乗客は、エコノミーの乗客をいつもちらちら見ている。ビジネスクラスに座っている自分を見せたいんだ。エコノミーに座っている人たちは、絶対にそんなことはしない」

ワオウェは長年、バンカーにボーナスを渡す立場にいた。「ボーナスをもらうと人が変わる。機嫌が悪くなるんだ。突然、生活水準が変わって、これまでとは違う人たちと自分を比べるようになる。私が銀行に入ったはじめはボーナスがなくて、もらえるとも思わなかった。しばらくして1000ユーロもらって、すごくうれしかった。ちょっとしたおこづかいだ。数年たってモナコの銀行で働きはじめたとき、仕事をうまくやったら5000ユーロのボーナスを出すと約束してくれた。その仕事の終わりに3万ドルのボーナスをもらった。でもどう感じたと思う？　騙された気がしたんだ」

バンカーの解雇についての舞台裏をあれこれと語ってくれたある人事担当者は、以前は別の業界で働いていた。クビになった人たちは、次の仕事で収入がグンと下がる。「30万ポンドの提示で侮辱されたって言ってる人たちがたくさんいるわ。12万5000ポンドの基本給に30万ポンドのボーナスくらいの収入じゃ『生きていけるはずがない』なんて言う人もいるのよ。本気でね」

金融の中にいると、ほとんどの人はその型にはまってしまうことに彼女は気がついた。「みんな変わるのよ。私も変わる。この間、私が職場の人と電話で話してるのを彼が聞いてたの。『別人みたいだった』って言われたわ」

⁂

以前は〝金融ひと筋〟で、その後夢に破れたある男性は、シティがわざと人間を社会から隔離するように作られているのではないかと感じていた。もちろん、金融にいる人がみんな現実離れしているわけじゃない。バンカーとして成功しつつ、地に足のついている人もいる。その多くは信心深い。教会やモスクや寺院に入ると、金融業界での自分の地位や肩書が、突然まったく意味を失うと言う。

例のミリオンダラー氏も、ボーナスについて語るとき、潔癖とも思えるほど距離を置いていた。日々の暮らしをボーナスに頼ると、考え方が変わるし判断にも支障が出ると言う。「市場が上がると自分に言い聞かせたくなるんだ。上げ相場ならだいたいボーナスも上がるからね」「稼ぎは増えることもあれば減ることもあるけれど、生活水準はいったん上がると下げられない」収入が上がっているときはそれに応じてすぐにカネを使ってしまうのに、収入が下がったときに節約するのは難しい、と中立派も声を揃える。

収入が上がることの罠にはまらないように、という意味の言い回しがある。「アップグレードするな」そのフレーズは、すごく論理的だし、当たり前に思える。でも、子供の学校を選ぶとなったらどうだろう。学費の高い学校に入れるだろうか？　そこに入れる余裕があるのだから。それとも、教育レベルはそれほど高くなくても、はるかに安い学校に入れる？　もし収入のずっと低い仕事に転職しても、学費が払えるように、備えておくだろうか？

「それは、かなり難しいね」数年したら金融を辞めたいと思っているクオンツはそう言った。「配偶者もこの生活水準に慣れるだろうし、僕は次に何をするにしろ、必死に働くことは確かだ。だったら、収入の高いこの仕事のままでいいじゃないかって思ってしまう。みんなそうなるんだ」

実際、若手は洋服や車や休暇にカネをもっと使えと言われる。それがやる気をアピールすることになる。貯金したら守りに入ってるみたいだし、ほかの選択肢を考えているという意味にもとれる。「腕時計を見ろ」という言葉がある。ベルンド・アンケンブランドっていうドイツ人の金融心理学者の言葉だ。安物の腕時計をつけてるやつは、高額ボーナスを要求できないという意味だ。

僕は、一流のバンカーを相手にしているヘッドハンターを、ときどきランチに誘い出していた。名門投資銀行では、自動車や自宅や別荘や学校や船や休暇先が、その人の〝正しい〟姿を映し出す鏡として決定的な役割を持つ。「選べないんだ」と彼は言い張った。「ゴールドマン・サックス勤めの人間が、エセックスの掘っ建て小屋に住むわけにはいかない」

⁂

金融の世界は悪意を持って悪いことに手を染める人間の集まりじゃなくて、正しいか正しくないかを自問せずシステムに従うだけの人たちの集まりだってことを、外の人たちは認めたがらない。金融の人たちはいい暮らしをしているし、同じような仲間と夢の国に住んでいるように見える。

元バンカーのレイナー・ヴォスも、長年そんな暮らしをしてきた。「地下の駐車場に乗りつけて、そのまま上階の仕事場に向かう。外の世界を心配することも気にかける必要もない。子供たちはみんな同じ幼稚園に通ってる。休暇も同じ場所で過ごす。スキーならグシュタードだし、そうでなければセイシェルかモーリシャスだ。閉じられた社会の中で、ますます現実から離れていく」ヴォスは、有名なドキュメンタリー『宇宙の支配者』の中で、そう語っていた。

外の世界に友達はいましたか？ 「月に10万ドル稼ぐようになると、友達と共通の趣味なんて持てなくなるんだよ」

ブラウン内閣で財務大臣を務めたアリスター・ダーリングは自伝の中で、ある銀行のトップと金融危機の間に交わした会話を記している。ふたりはたまたま以前からの知り合いで、その銀行のトップは、ボーナスへの課税を強化する労働党の案に、猛烈に怒っていた。

「彼の怒りに、私は思わず引いてしまった」とダーリングは書いている。そのバンカーが100万ポンド近いボーナスをもらっている一方で、国民は大きな損失を被っていたからだ。

「君が100万ポンドのボーナスをもらっていることについて、お隣の人はなんて言ってる？」ダーリングは訊ねた。

「気にしないね」とバンカーは答える。お隣の人の仕事は？ 「金融だよ。私より稼いでいる」

金融ひと筋タイプが、ある日突然目を覚まして内側から金融を変えようなんて思うことは、ちょっとありえない。このタイプをバッサリと断罪して、人間じゃないみたいに書きたくなる気持ちもわかる。自己中な特権階級として描きたくなる。

でも、読者からのメールに描かれている〝金融ひと筋〟タイプはちょっと違っていて、近しい人から見ると、まるで娘や息子や親友を金融に奪われてしまったような、そんな感じだった。

この手の読者は、僕のブログを読むことで、今は遠くに行ってしまったその愛する人が住んでいる世界を、もっとよく知ろうとしているようだった。そんな読者の中に、僕と会ってくれる人もいた。そのひとりが、バンカーと付き合っている20代半ばのアジア系女性だ。彼女のインタビューが掲載されると、コメント欄の一部は侮辱的なコメントで溢れかえった。次はだれだ？　匿名の郵便配達人？　そうしたコメントをしたくなるのはもっともだけれど、この記事は彼女と同じ立場の人たちの共感を得たようだった。その証拠に、僕のブログの中で、このインタビューがほかのどの記事よりもソーシャルメディアで拡散されていた。彼女が語ったことは、たくさんの人に身に覚えがあるもののようだった。

最後に2つのタイプのバンカーを紹介するが、いちばん危険なタイプをあとにとっておこう。まずは、彼女の話からだ。

「彼はずっとまえから望んでました。金融に入りたいって。私は、自分の人生にそれがどう影響するか、ぜんぜんわかっていませんでした。夏の間はよかったんです。彼の仕事は朝9時から夜7時までくらいで。これなら平気だわって思いました。でももう彼の中では何かが変わってたんですね。職場の先輩の奥さんの金遣いが荒いってことを、ジョークのネタにしてました。同僚の彼女が、朝4時まで彼を待ってた話とか。それも冗談にしてました。それが何かの前触れだって、私も気づくようになりました」

「仕事が本格的に始まった最初の週は、毎日夜中まで働いていました。でも、慣れちゃうものですね。彼の仕事が10時に終わったら、私は『やった、すごいラッキー』なんて思ってました」

「私は大学を卒業したあと、両親のところに戻りました。親には私たちの付き合いを知らせていなかったけど、夜中の1時とか2時とかに電話がかかってきてましたから、気づいていたとは思います。昔は毎晩寝るまえに40分から1時間くらい電話で話してました。今はショートメールだけです。電話しても出ないから。翌朝彼からショートメールが入ってるのを見ます」

「金曜の夜は、最近彼が友達と借りたアパートの部屋に泊まります。ひどいところです。彼の部屋にはベッドと洋服しかありません。キッチンは荒れてます。料理しないから。朝の3時まで彼の帰りを待ってたこともあります。そのときは部屋にテレビもインターネットもありませんでした。今は昼も夜も自分の用事を入れてます。ずっと部屋で彼を待ってても仕方ないので」

「夜すごく遅く帰ってくるときには、6本入りのレッドブルを買ってきて、彼が何か話したがることもあります。でも私は疲れ切ってるんです。翌朝におしゃべりできるし、だらだらしてもいいでしょって思うんです。でも、『翌朝は9時に出社』ってメールが来るんですよ」

「大学時代にふたりで人生の優先順位について話したことを憶えています。私にとって一番大切なのは幸せでいることと、愛する人たちに囲まれていることでした。彼にとってそれは二番目。仕事が一番だったんです。彼は世界一やさしい人です。彼が金融を好きなことも、心からこの仕事を望んでいたことも、わかります」

「夜8時に彼が会社を出られることもあります。そんなときには電話をくれて、私は自分の予定を全部キャンセルして、彼と一緒にゆっくり過ごそうかなとか、レストランに行かなくちゃとか思うんです。そんなとき、自分の友達を差し置いて、彼のために何もかも切り捨てていく自分がバカみたいに思えます。力関係が完全に変わっちゃったんですね」

「彼は素晴らしい人だし、大学時代はすごくうまくいってました。彼にはすごくプレッシャーがかかってるんです。ご両親に金銭問題があって、借金の返済を助けてるんです。信仰が篤くてお酒も飲みません。金融ではそういうのもかなり大変みたいです。ご両親は、仕事の助けになるなら飲んだっていいじゃないかって言ってます。でも彼は飲みません。ストリップクラブも行きません。私は、結婚してないなら、ストリップくらい行っても気にしません。変だと思われるのはわかってます。でも行かなくちゃならないなら、仕方ないと思います。でも、もし結婚してたら、いやです」

「彼が電話で内定の知らせを受けたとき、私もその場にいたんです。電車の駅にいたんですけど、彼がすごく興奮して私に駆け寄ってきて、抱え上げてくれました。ほかの人たちは私たちをすごく変だと思って見てたはずだけど、私たちはすごく舞い上がってました。彼は必死に頑張って、内定をもらったんですから」

「彼はすごく負けず嫌いです。あるときに金融で働いている別の友達の話になって、その友達はそれほど長時間勤務じゃないって話でした。そのことを彼に話すと、彼はこう言ったんです。『ああ、ヤツの会社は二流だから。僕はあんなところで働きたくないね』」

「彼はこれで幸せなんでしょうか？　このまえふたりで食事をしている最中に、彼がミスをしてたってメールが来たんです。それで完全に上の空になってしまって。ずっとそわそわしっぱなしで、私の話なんてまったく聞いてませんでした。その夜中ずっと、仕事のことを愚痴ってました」

「予定はすべて未定です。何か予定を入れても、『でもキャンセルしなくちゃならないかも』って言うんです。出かけていても、いつ会社に呼び戻されるかわかりません。いつも条件つきです」

「彼はすごく一所懸命やってます。わかります？　でも彼に真剣に伝えました。あなたの仕事が好きじゃない、こんな状況を望んでいない、って。もし私がそんな生活を望んでたら、自分が金融に行ってたって。私はショップ勤めです。親と暮らしています。学資ローンもたくさん残ってるし、口座がマイナスになることもあります。彼は今はすごくお給料もいいし、あか抜けて見えます。急に彼のほうがすごく上に立っちゃったんです」

「彼は、買い物に連れて行ってあげるよ、なんて言うんです。一緒に過ごせない埋め合わせにプレゼントなんて欲しくありません。でも、彼はそんなふうになっちゃったんです。何か買ってあげる、埋め合わせしよう、なんてね」

「彼はM&Aの部署にいて、仕事の話になると略語だらけです。英語で話してよって叫びたくなるくらい。彼の同僚にも会いましたけど、最悪でした。『お仕事は？　僕は金融、君は？』

『ショップで働いてます』バカにされてる気がしました」

「彼の同僚って、なんだかものすごいエリートって感じです。外見も素敵で頭が良くて成功してきた人たちなんです。あの人たちが努力してそこにたどり着いたのはわかってますけど、私なんて寒ければ外で走るのも嫌いなタイプです。私はあんなふうになれないし、それでいいと思ってるけど、あの人たちに威圧されちゃうんです」

「あの人たちは仕事のことしか話しません。同じ会社で別の部門に勤めてる彼のルームメイトもそう。ふたりの会話を聞いてると、ありえないくらい退屈で子供っぽいんです。どっちがたくさん働いてるかとか、いい仕事に就くにはどうしたらいいかとか、それがどれくらい大変かとか。一晩中そんな話題で飽きないんです。『僕の部のほうがM&Aよりましさ』『いや、でもM&Aはこんなところがすごくて……』とか、部屋の中に略語が飛び交います。ひとりが、お前トレーダーじゃないだろ、って言うと、相手がそれに対抗するんです」

「ずっと仕事中って感じです。一緒にいても、インドにメールしてそこのだれかを捕まえて、何かを朝9時までに終わらせなくちゃならないとか。インドの人の自宅に電話して、職場に行かせることもあります。プレッシャーがかかってるんです。ちょっとまえですけど、私が電話をすると、彼がこう言ってました。『今ちょうど人員整理が始まった』って。彼は残れましたけど」

「彼が会社でやってる仕事の内容を聞いてると、こう思うんです。それなら私だってできる、って。仕事の少なくとも半分は書類の体裁を整えたり、行間のスペースを合わせて見かけが完璧になるようにしたりすることだって言ってました。金融はプレゼンテーションが命なんですね」

「でも、すごく厳しいんでしょうね。しょっちゅう泣き出す同僚がいるって言ってました。プレッシャーに耐えられないんです。あるマネージングディレクターは、その人をいつも指名するそうです。彼女に特別なスキルがあるから。彼女がトイレで泣いてるときは、彼が取り繕って、机についてない言い訳をしてあげるんですって」

「私が彼に厳しすぎるかもって心配です。でも、両親にも彼のことを話せなくて、親は彼の存在も知りません。友達はわかってくれるし、彼の仕事の時間とか私たちの生活のことを話すと呆れられます。自分がどう感じたらいいかもよくわかりません。今どう感じてるのかもわからなくなっちゃいました。夕食の途中で彼がオフィスに戻る必要が出てきて急いで切り上げるなんて、どうなんだろうって。昔は彼から電話がなかったら、文句を言ってました。でも今は電話がない言い訳を考えてます」

「彼ときちんと話すべき？　それが問題なんです。もう彼に向かって思いっきり何か言うとか、不満を漏らすとか、できなくなりました。だって、仕事が大変だから。まえは何時間もケンカすることもありました。3時間ケンカして、2時間頭を冷やして、お互いに考えてたんです。もうそんなこともありません。時間がないから」

「そんな感じです。彼に会うために1時間も電車に乗って、一緒にいるのは1時間。いつも私の方から会ってくれってお願いしてます。『何時に終わるの？』って。彼の家族も彼に会いたがっていて、ばかばかしいけど、彼の家族と時間の取り合いになってます。クリスマスは彼の方に4日間休みがあったけど、1日も会えませんでした」

「もし私が原因で彼がクビになったら、もちろんイヤです。でも、この数か月で私にも新しい友達ができたのに、彼を紹介することもできません。架空の人物だと思われてるでしょうね。姉にも紹介したいです。でも夜の11時前に時間があくことなんてないし、姉はその時間にはもう寝ています」

「先週の土曜に、彼が仕事に出かけるまえにこの仕事を一生続けるのって聞いたら、続けないって答えたんです。すごく驚きました。じゃあ何がしたいの、将来はどうするのって聞くと、わからないけど何年かは金融で頑張るしかないって言ってました。もしここで生き残れたら、どこでも行けるからって」

12

破滅の預言はお断り

2001年9月11日、彼はロンドンの大手銀行でトレーダーとして働いていた。1機目の飛行機がタワーに突っ込んだとき、まだ事故だと思っている人は多かった。彼は何かにピンときて、ニューヨークの親しい友達に電話した。ほかの飛行機が見えるか、飛行機の白い煙の跡が見えるかを聞いてみた。もし見えないとしたらニューヨーク上空が封鎖されていることになるし、だとしたらテロ攻撃の可能性もあると当局が見なしていることになる。空は青くて何も見えなかった。そこで彼は保険会社や航空会社の株を売りはじめた。その日ほど必死に働いたことはなかったし、あれほどカネを稼いだこともなかった。ロンドン市場は閉鎖され、電子約定を終えたところでやっと、あのツインタワーの中に知り合いがいたことに思い当たった。「友達が何人もあそこで働いていたんだ」彼はまるで怒っているように、そう言った。

「それまで、その友達のことが頭に浮かばなかった。一瞬もね」

中立派、苦々しい思いを抱えたタイプ、宇宙の支配者タイプ、金融ひと筋タイプのほかに、シティにはあと2つのタイプがいることを、僕は発見した。金融ひと筋タイプと同じように、どちらのタイプも間接的にしか研究できない。元同僚に聞くか、以前そうだった人たちに話を聞くかだ。

ひとつめは〝妄想タイプ〟で、金融の外の世界から孤立してるだけでなく、現実からも切り離されてしまった人たちだ。さっきのトレーダーは、仕事中毒という〝トンネル〟の中で何年も過ごしてきたと言う。あの9月11日の夜がターニングポイントだった。「翌日に辞めたとか、そんなドラマチックなことはなかった。でも僕の中で何かが変わったんだ」しばらくして彼は金融を辞め、別の仕事に就いた。

妄想タイプが金融での最初の数年を語るときは、典型的な宇宙の支配者とほとんど変わらないように見える。すごく知的で、めちゃくちゃ負けず嫌いで、大物っぽい〝上から目線〟というか、ほかの人たちを圧倒したいという感じの話し方だ。でも、宇宙の支配者は自分が何をやってるかを理解している。彼らはキャラを演じていて、演じることである種の視点を自分のものにし、それを強く守ろうとする。実際、彼らはそんな勝負を楽しんでいる。でも、妄想タイプはそれと対照的に、トンネルの中にいる。現実がわからなくなっている。仕事中毒になり、問題があることもわからないし、自分の考え方を支える一貫した理屈もない。

このタイプの人たちは、燃え尽きる。

ＡＢＮアムロの人事担当者だったキリアン・ワオウェは、しょっちゅうこの妄想タイプに対応していた。金融の人たちはこれで充分ってことがあるのか、と外の人に聞かれる。だが、カネがすべてじゃない人間もいる。「すごく中毒性の高いステータスの争いなんだ。組織の中では、収入がステータスを表す。だから、これで充分っていうことがなくなってしまう」

「インベストメント・バンカーは、自分を超個人主義者だと思ってるんです」と強く言う女性もいた。彼女は身元を明かすことを拒んだ。「でも、それほど必死に長時間働いていると、自分を見失ってしまうんです。それって、個人主義の正反対ですよね」

彼女自身、何年も仕事三昧でほかに何もしない生活だった。自由な時間があると刺激的な冒険旅行に出かけたり、チャリティマラソンに出て寄付を集めたりしていた。なにもかも、同僚との激しい競争だった。いつも上を見て自分を向上させ、限界を超えるようなことに挑戦していないと気が済まなかった。

自分に鞭打っていた、と彼女は言う。「自分のことをどうしたら見失えるかって？　上から、その年の利益目標を渡されるんです。そのときは、こんな数字無理に決まってると思います。でも、挑戦してみたいとも感じるんです。不可能に挑戦したいって。その試合を受け入れたら、もし目標に届かない場合は自分の責任だって思ってしまうんです。そのうちに、その年の目標が自分のあり方を決めてしまうようになります。すると、その目標に近づけてくれるものすべてが、欲しくなってしまいます。自分の人生で何をしたいのかって考えられなくなるんです」

精神的にがたがたに崩れた彼女は仕事を辞め、しばらく回復に時間をかけてセラピストとコーチになるための訓練を受けることにした。金融での経験には感謝していると言っていたし、チャンスを与えてもらい、素晴らしい同僚からも多くを学んだと強調していた。それでも、つらい時期があったことは確かで、肉体的にも精神的にもぼろぼろになって辞めたと言っていた。

「感情を持っちゃいけないんです。私は何度もトイレで泣いてました。人間らしくなれるのはそこだけです。トイレの中だけ。泣いても少しだけです。すぐに忘れて別人格になるんです。仕事に戻らなくちゃならないから」

元妄想タイプや、回復途上にある人たちとのインタビューは、セラピーみたいな雰囲気だった。だれかに話を聞いてもらうと助けになると彼らは言っていた。「ほかの人も妄想から覚めてほしい」と言う人もいた。「セラピストに通いはじめてしばらくしてから、その先生のクライアントの半分は、金融業界のトップに立ってる人だとわかりました。みんな、病気になることは弱いことだって洗脳されていたんです。感情を持つことは、弱い証拠だって思い込んでたんですね。あなたのブログを読むと、どの人が洗脳されていて、どの人が洗脳されてないかがわかります」そう語った人もいる。

20年間ＩＰＯ案件を手掛けてきたあるバンカーは、イギリスの有名な詩人フィリップ・ラーキンの孤独をつづった詩を引き合いに出していた。「試合に勝って表彰台に立っても、何も感じないと言うアスリートの告白を読んだ」ボーナスのあとの彼はそうだった。最後の年のボーナスは100万ポンドに軽く届いていた。ドットコム・スキャンダルの原因になった利益相反をうまく利用していた彼は、その後ふさぎ込むようになって仕事を辞めた。

投資銀行の仕事は、「罠があって、ゲームのようで、中毒性がある」と言う。「見返りは大きいけれどどうなるかわからないところがエキサイティングで、もっと多くを求めてここに戻ってきてしまう。いったんカネが流れ込みはじめると、そこから離れるのはすごく難しい。仕事ぶりはいつも後ろから監視されてる。中毒特有の空しさも感じる」

本当の危険は、銀行に自分の存在意義を丸投げしてしまうことだ、と言ったのは、何年も妄想の中にいたと感じていた人たちだった。目標を達成したから、人生は成功に違いないと思い込んでしまうのだ。

「僕のルームメイトも金融で働いてました」と言うのは、2年で投資銀行を辞めた若手バンカーだ。「ルームメイトが泣きながら疲れ果てて帰ってくるのを見たこともあります。なんでそんなに自分を追い詰めるんでしょう。金融の人間の大半は、自分を証明しなくちゃという思いに突き動かされているんだと思います。投資銀行がそうさせる土台を提供してるんですよ。すごく特殊な不安感を持ってるバンカーは多いですし、何かを埋め合わせたいっていう、深い欲求みたいなものを感じてる人がたくさんいます。愛が足りないからかな？」

金融の人間の多くは完璧な自分を演出しようとしていることに、彼は気づいた。「会社もそれに加担するんです。完璧で負け知らずみたいに見せることにね。そんな人生にどっぷりはまって、仕事とおカネから離れられなくなる人はたくさんいます。僕だってもっと長くいたらそうなっていたはずです」

映画『ウォール街』の脚本を書いたスタンリー・ワイザーは、ゴードン・ゲッコーの役柄作りの調査のために、多くの金融界のトップに話を聞いた。そのインタビューDVDで、彼は金融を人間がはまってしまいがちな罠だと言っていた。「ゲッコーのようなタイプは、現実から完全に目を逸らすことができるんだ。死という現実からもね。人生はゲームで、エネルギーと勢いでそれが続くと思ってる……」

妄想タイプと出会ったはじめのころ、そんな人はかわいそうだけど、どんな仕事でも中毒みたいになってしまう弱い人はいるから仕方ない、と僕は思っていた。

でも、金融の世界はほかの業界と違って、一握りの妄想タイプが莫大な損害をもたらす可能性がある。例のＬＩＢＯＲスキャンダルでは、大手銀行と投資銀行のトレーダーが金利と為替レートを長年不正に操作していた。もちろん違法だし、トレーダーもそれを知っていた。それに社内メールや電話も、記録され保管されることはわかっていたはずだ。誤解があったときや言った言わないの問題が起きたときには、クライアントとの会話をミドルオフィスがあとで巻き戻して聞くことになっているからだ。

それなのに、不正操作をしたトレーダーたちは内輪でお祝いのメールを送り合ったり、チャットのメッセージを普通に送ったりしていた。たとえば、こんなメッセージだ。「すごく助かった！ 恩に着るよ！ 今度仕事のあとに寄ってくれ。シャンパンを開けよう」カネを稼ぐのがどれほど簡単かを話すトレーダーもいたし、そうしたメッセージのやり取りには「カルテル」とか「マフィア」とか「やくざ」といったグループ名が使われていた。

そう聞くと、なんて恥知らずな人たちだと思うだろう。そのうえ、彼らがやり取りしていたメッセージを読むと、このトレーダーたちがコンプライアンス部門を恐れていたとは到底思えない。それでも、こうしたメールやチャットはまったく理屈に合わない。自分がやった強盗をおおっぴらに仲間と祝う犯罪者がどこにいる？

こうしたトレーダーたちが妄想という雲の中に生きていたなら、その行動が腑に落ちる。例のLIBORスキャンダルは本当の意味での不正だったけれど、バンカーの自己欺瞞に世間が注目したきっかけはもちろん、あの金融危機だ。そのことが、これまでの中でいちばんぞっとするようなインタビューに僕を導いた。

僕たちはロンドンの中心部にあるスターバックスで待ち合わせた。彼は中肉中背の40代の男性で、目立たない恰好をしていた。破たんから救済された銀行の、財務部門のトップに近いところにいた。その商業銀行がかつて行っていたことが大惨事を引き起こし、それを禁じる規制ができていた。でも、ぞっとしたのはそこじゃない。彼が話してくれた考え方だ。

はじめに僕は、シティについてよそ者が理解できないことは何でしょう、と訊ねた。すると彼は、企業文化に飲み込まれてしまうところだと答えた。「バンカーはチームで動くし、そこでの原則は、味方か敵かってことしかない。異論を唱えれば、攻撃にさらされる。どこかにやましいことを隠していれば、それを暴かれる。もし何かを表沙汰にすれば、必ず仕返しされる。すぐにやられることはなくても、次の解雇の時期にはクビになる」だから、とてつもなく倫理観が高くてキャリアを棒に振ってもいいと思っている人しか内部告発はできない。

金融危機のまえ、彼の銀行は大きなリスクを取り、カネが流れ込み、おかげで彼のボーナスも年に25万から50万ポンドにのぼっていた。「世界の頂点に立った気分だった。リスク商品は利益をもたらし、利益は株価の上昇につながり、経営陣の報酬は株価に連動していた。株価の操作なんてバカみたいに簡単だった。リスクをもっと取るだけでいい」

彼は世界中を飛び回り、あらゆるメジャーなスポーツイベントを観戦できた。「みんなよくしてくれるんだ。カネ儲けのチャンスだと思ってるからね。そのうちありのままの僕自身が好かれているように勘違いしてしまう」

自分の銀行が大きなリスクを取っていることを彼は社内で強く訴えていた。でも、わかってほしい。「破滅の預言なんて、だれも聞きたがらない」それに、こうも考えていた。「別にいいじゃないか、自分のカネじゃないし、ってね。だからストレスにもそれほどめげなかったんだと思う。いつもどこか笑い話みたいに見てるんだ。反体制っぽい人間を自分の周りに集めて、金融業界の真面目っぽさをバカにしてた」

金融業界が良くなるには、「反倫理に走ってしまう傾向をどうにかしないといけない」と彼は語っていた。「倫理に背くような傾向がシステムに埋め込まれてるんだ。規制でシティをチェックする？　だからって安心できない。どんなルールを作っても、だれかが必ず抜け道を見つけるから。校則と同じだよ」

そんな反倫理的な環境の中では、善と悪の境目は「ぼやけて」、線引きができなくなる。「ごり押しで儲けにありつけたら、成功したって思われる。商売っていうのは、意図的にだれかからカネを搾り取るってことだからね、違う？　儲けすぎは昇進につながる。薬品会社はできるだけ多くの薬を患者に飲ませたがる。それが病気を治すっていう商売だから」

でも、シティはほかの業界や役所と本質的に違うんだ、と彼は続けた。「さっき言ったようなことは、間違いなく、金融以外の業界にもある。ただし、シティが特殊なのは、中の人間がすごく密に団結してることなんだ。近くにパブやバーがあって頻繁に会うチャンスがある。金融全体が大きな運動場っていうか、すごく緊密な人のネットワークなんだ。すぐに親しくなるし、似た者同士の絆もできやすい。同僚は親友になる。飲みに行く機会やクライアントの接待も加わって、絆が異常に強まる。境界線がなくなって、それが大きな利益相反につながる。ブローカーとトレーダーは友達で、商売のやり取りもある。『今度ラグビーに招待するから、あの取引をしてくれよ』なんてことがしょっちゅうある」

　以前は、自分がストレスを感じているとも思わなかった。金融で成功するということは、不安を隠すということだからだ。まず他人に隠し、そのうち自分にも隠すようになる。そのうえ、「自分を振り返る時間もない」と言う。「僕は大酒を飲むようになった。そうすればすぐに気分が変わるからね。考えなくてよくなるし、ぼーっとできる。そのときは気づいてなかったけど」

　会話が途切れても僕はずっと黙って、彼が沈黙を破るのを待っていた。ボーナス文化のせいばかりじゃないんだ、と彼は言った。その声のトーンで、以前からこのことを深く考えてきたとわかった。「同じ部族の絆とか、仲間との団結みたいなことなんだ。自分の価値は仕事によって作られると感じてしまう。出会って最初に、お仕事はなんですかって聞かれるだろ？昔はその質問に答えるのが、すごく誇らしかった」

　自分が間違っていると思ったことを公表すれば、「一発で」その世界の外に彼自身を追い出すことになる。「あの仕事はただの仕事じゃない。あれは自分そのものなんだ」

　それで、辞めたんですか？「大きなきっかけがあったわけじゃない。自分を解き放つまでには長い時間がかかった。理由はひとつじゃない。会社も個人も、伝染病にかかっているような気がした。もちろん、ものすごく怖かった。何かをめちゃくちゃに壊してしまうんじゃないかと、恐れてた。物事を真剣に捉えてなかったから、それを未然に防ごうという努力もたいしてしなかった。だから怖かったんだ。自分が病気に冒されてるような気もした。僕はどんな人間になってるんだろうって。結婚もうまくいかなくなっていた」

鳥の鳴き声。子供との何気ない時間。仕事ばかりで時間がとれないと、そんな存在さえも忘れてしまうようになる。自分が「イヤなヤツ」になっていたと気がついた。「親に優しくするとか、それさえもできなくなっていた。それができてないことにも気づかなくなってたんだ。仲間はいた。似た者同士だ。同じになっていた」

外に出ると、物の見方はまったく変わるもんだね、と彼は言った。セラピーの助けを借りて、地に足がついた。そのまえにすごく稼いでいたおかげで、経済的な問題を抱えずに済んだのはラッキーだった。銀行の仲間からは「どうして辞めるんだ？　このまま残ったらいいじゃないか。給料はいいし、何もしなきゃいい」と言われた。

彼にはそれができなかった。「僕にとっては生きるか死ぬかの問題になっていた。なんのために生きてるんだ？　ほんとにこれがやりたいのか？　ってね」

後悔はありますか？　彼は大きくひと息ついた。「本当に申し訳なかった、なんて謝るつもりはない。謝るべきかな？　やましい気持ちがあるとしたら、自分がこんな人間になってしまったことに対してだ。ああ、なんかすごく自分勝手な人間みたいに聞こえるね」

彼はまた押し黙った。「だれでも足を洗えるんだ。僕が弱かったから外に出たって言う人もいるだろうね。強いから告白できるって言ってくれる人もいるだろう。僕が長年はまっていた場所にいる人たちに言いたいんだ。鏡を見て自問してほしい。『金融は自分をイヤなヤツにしているか』ってね。でも、自分を省みる能力を失っていたら、鏡を見ることもないだろうけど」

このインタビューで、僕の怒りは絶望に変わった。ノートを書き起こしながら、何度かこう考えている自分に気がついた。これが真実じゃありませんように。

報酬体系を変えることで、上司やミドルオフィスや会計士や信用格付け機関や監督官庁やクライアントに嘘をつく見返りをなくすのは可能かもしれない。そうした逆インセンティブのないシステムを、内輪では〝長期的な欲〟と呼んでいる。つまり、会社やクライアントに損をさせて自分が儲けるのではなく、彼らと〝共に〟儲けるということだ。

でも、妄想タイプのバンカーは、インセンティブに合理的に反応しなくなっている。だから〝妄想タイプ〟と呼ばれるわけだ。LIBORスキャンダルのあと、イギリスでは、過剰なリスクを取ったことが証明されたバンカーへの刑事訴訟を許可する法律ができた。これこそ僕らに必要な対応策に思えるけれど、こんな疑問も湧いてくる。「さきほどの財務担当者が、自社の財務を破たんさせることを、この法律で止められただろうか？」

あの財務担当者は他人に嘘をついていただけでなく、自分にも嘘をついていた。そんな妄想と依存症の霧の中に生きている人を、どうしたら止められるのだろう？

金融改革の活動家が、金融機関の大幅な縮小と簡素化を求める理由はそこにある。金融機関の破たん防止を狙った金融改革にエネルギーを費やすべきじゃないというのが、彼らの考え方だ。これからも金融機関の破たんは避けられない。無能な人間や不合理な人間は必ずいるし、金融機関は遅かれ早かれそういう人たちの手に落ちる。ならば、金融の世界を整理して、銀行が破たんしても世界経済がそれに足を引っぱられない構造にするべきだ。マスコミ的に言えば、〝大きすぎて潰せない〟より〝大きすぎると生きていけない〟ようにしたほうがいいということだ。

⁂

宇宙の支配者タイプ、金融ひと筋タイプ、妄想タイプが今の金融界の中心に置かれたダイナマイトだとしたら、最後に紹介するタイプはその導火線だ。このグループは、みんながよく頭に描くような〝悪いヤツら〟に最も近い。自分のしていることを正確に知っている悪党みたいなタイプだ。

でも、この〝無感情な悪党〟タイプは、ぜんぜん悪党っぽくない。極めて計算高く、まったく感情を交えずに判断ができる。無感情タイプにとってはなにもかもが取引なので、インタビューは不可能だ。彼らに役立つ〝メリット〟がなければ、匿名であってもクビのリスクを冒してインタビューに答える理由はない。

金融ひと筋タイプや妄想タイプと同じように、僕は間接的なつてに頼るしかなかった。たとえば、昔は自分が無感情タイプだったと自認している人たちだ。〝今現在も〟無感情タイプでいる人には、ほんの数人しか会えなかった。そのひとりはメガバンクのトレーダーで、書くことが好きだと言っていた。彼がインタビューに応じたのは、ガーディアンのウェブサイトに自分の匿名ブログのリンクを貼りたかったからだ。

彼は、銀行の自己資本を使ってトレードをするプロップトレーダーだった。彼の一日は真夜中に始まる。地球の裏側の新興国市場に合わせているからだ。

「2つの原則に従っている。まず、トレードに情熱を持たず、感情的に入れ込まないように内面を抑制することだ。次に、扱っている資産クラスの特殊な知識が必要だ。その資産を供給している国に、情報を提供してくれるような人脈がないといけない。もちろん、インサイダー取引にならないように、一般に公開されている情報でないとだめだが、それでも、その国に情報源を持つことが極めて重要になる」

僕が例を訊ねると、彼は対象企業の経営陣の質がいちばんの指標になると言った。次にその会社のある国の経済、政治環境、法的な環境を見る。「そうやって投資対象への見方を固め、買うかどうかを決める」

彼はプロップトレードを「謙虚さの訓練」だと言い、最高のトレーダーは仏教徒のようだと言う。感情を完全に抑え、物事がうまくいかないときにも恐れの餌食にならず、市場が期待を上回っても欲の餌食にならない。多くの人が、恐れと欲の罠に落ちると彼は言っていた。「心の中に何が渦巻いていたとしても、最初に決めた理屈に従って」特定資産を取引しなくちゃいけない。

彼にとって宇宙の支配者タイプは軽蔑の対象でしかない。トレーダーはエゴに影響されてはいけないからだ。

このプロップトレーダーは無感情タイプの特徴を多く抱えていたけれど、僕が会った本物の典型的な無感情タイプは超高速取引部門で働いていたクオンツだ。彼は将来物書きになりたくて、人脈作りのために僕に連絡してきた。自分の得になることがあれば、なんでも知りたいというタイプだった。

インタビューのほとんどは超高速取引の説明になってしまい、このインタビューを掲載したブログには多数のコメントが寄せられたので、僕は彼に反論の機会を与えたかった。そこで、僕たちはもう一度会い、読者の多くはなぜ彼が後ろめたくないのかを聞きたがっていると伝えた。

そうだね、と彼は答えた。「同僚にはこのことを伝えられなかった。僕がインタビューに答えてることは秘密だから。でも両親と兄弟には記事を送った。2つのことを言われたよ。まず、みんなが僕を嫌ってるってこと。それから、やっと僕の仕事が少しわかったって」

読者をなによりも怒らせたのは、超高速取引は社会にとってなんの役にも立たないし、特にその男性が働くプロップがそうだったことだ。その一方で、その濫用と破滅的なミスの可能性があまりにも高いことを、読者は見てとることができた。

「でも、僕は自分の仕事を後ろめたく思ってないよ」完全に落ち着いて気楽な笑顔を浮かべ、彼はそう言った。「プログラミングのスキルを使って、国民保健サービスをよりよいものにすることに身を捧げる人もいる。それは彼らの自由だし、いいことだと思う。だれにでも仕事を選ぶ権利があるし、僕はこの分野の仕事を選んだ。資本主義は市場での取引が基本だし、僕たちのプログラムがしているのはそれだ。ただ、極端に速いだけなんだ。中古車セールスマンが社会にどんな貢献をしてる？　車の品質を上げるわけじゃなくて、買い手と売り手の値段の差で儲けてるだけだ」

僕の仕事は合法。それだけ。それが無感情タイプの考え方だし、倫理観は個人の問題で、人間に与えられた選択のひとつにすぎないというわけだ。チャリティに寄付する人もいれば、大学で倫理の授業を取る人もいる。そうしない人もいる。

何が良くて何が悪いかという議論は、このタイプの人間にはのれんに腕押しだ。無感情タイプと中立派タイプの大きな違いは、中立派が倫理観を保ち自分にとって反倫理的な行為を控えていることだ。無感情タイプは、何が許されるかは法律の問題だと思っている。法律で許されていれば、もしぎりぎりのところだったとしても、どこにも問題はないと考える。

例のクオンツはあきらかにそういう態度だった。倫理責任について質問すると、ちょっと面白そうな表情を返された。僕をだれだと思ってる？　倫理家？　説教師？

その男性は普通の人に見えた。反倫理とは正反対の感じだった。金融の非倫理性を、人生全般に当てはめていただけだ。ここでも〝欲〟がすべての動機だと思われそうだけど、それでは説明できない。彼は、何年かしておカネが溜まったら物書きになりたいという夢を持っていた。

「大学に戻りたい。人間と哲学を学びたいんだ」

だれよりもこの無感情タイプについて教えてくれたのは、あのときどき飲みに誘っていたヘッドハンターだ。彼自身は中立的に見えたけれど、彼が一緒に仕事をした多くのバンカーはこの無感情タイプに入ると言っていた。なら、彼らはどうして自分を許せるんだ？

「私のクライアントの多くは、一般人がどう思っているかなんて気にしないんだ。彼らは極めて高い教育を受け、何か国語も話すプロフェッショナルたちだ。国際結婚をしてる人も多いし、子供たちもあちこちの大陸に住んだことがある。このタイプの人たちは、ひとところに所属しないし、祖国への忠義みたいな意識もない。税金をできるだけ払わないようにすることと、安全であることが優先。それだけだ。法律で守られていることがすごく大切なんだ」

「悪い人たちじゃない。善悪なんてことは考えない人たちなんだ。プロフェッショナルってだけだ」

200人とのインタビューなんて、その最中には大変な仕事に思えるけれど、それでもシティで働く100万人の5分の1のさらに0・1パーセントでしかない。ほかにも色んなタイプのバンカーやスタッフがいるはずだけど、今回のプロジェクトでは、〝無感情タイプ〟がいちばん金融の〝内輪〟に近いように思えた。

無数の島が集まる巨大な列島のようなメガバンクのどこかで、〝無感情タイプ〟の数学の天才が、最先端の複雑な金融商品を編み出している。規制当局は、隠れたリスクや思いがけないドミノ倒しのような悪影響を測ることは、ほとんどできない。こうした商品はものすごく儲かるし、ライバル会社も同じような商品を開発する。経営陣は「音楽が流れている間は、ダンスを続けよう」と考える。宇宙の支配者タイプ、金融ひと筋タイプ、妄想タイプはできるだけ広い範囲にこの商品を拡散しはじめる。ミドルオフィスは萎縮しているか、服従しているか、苦い思いのままそっぽを向いているし、中立派は無関心を決めこんでいる。

そうやってまた金融危機が起きる。少なくとも、最近仕事を辞めた〝無感情タイプ〟はそう言っている。バンカーは怪物だとかんかんになって批判している人に、僕はいつもこのインタビューのリンクを送っている。金融界の問題を解決できると高らかに宣言する人にも、僕はこのリンクを送る。

⁂

彼は35歳くらいで数学の学位を取ったあと、複雑な金融商品を開発する〝ストラクチャラー（仕組み債の開発者）〟として大手銀行で働きはじめた。ストラクチャラーにもさまざまな分野があって、彼は株式デリバティブの専門だった。ゴールドマン・サックスにいたあのグレッグ・スミスと同じだ。

彼はこともなげにこう言った。「悪魔に魂を売り渡すんだ。僕は世界中の金持ちに自分の魂を売り渡した。長い間、それを疑問に思わなかった。でもあるときに変わった。何がきっかけかって？　特にこれと言えるものはない。毎朝鏡の中の自分と向き合わなくちゃならない。未来の息子や娘が、『パパのお仕事なに？』って聞いてる姿を想像したんだ。どう答えたらいい？『ああ、クライアントからぼったくるのがパパの仕事だよ』なんて言う？」

そして、自分の葬式でどんな弔辞が読まれるだろうと考えるようになった。「僕は無神論者だ。生まれ変わりはないと信じてる」

彼は買い手責任について語りはじめ、法律やルールをひとつとして破らなくてもクライアントを騙すことができると言っていた。

「自分たちがやってることをまったくわかっていないクライアントもいる。スペインの小さな地銀とか、スウェーデンの地方自治体とか。しばらく経ったあとで、そうした鈍いクライアントを踏みつけにして今の自分があることに気がついたんだ」彼自身は労働者階級の出身で、彼がぼったくりの対象にしているような年金基金に彼の家族はお金を預けていた。「ああ、自分がぼったくってるのは親の年金なんだな、って考えていた」

学生時代は新自由主義にはまっていた。アイン・ランドの本を読み、市場は偉大で、市場以外は機能しないという考え方に染まった。そのうちにだんだん批判的になっていった。楽観的な見方は薄まり、市場はそれ自体では機能しないと思うようになった。実際、規制当局がもっともっと厳しくなるべきだと彼は考えていた。「官庁に入ることも考えた。役人が社会に役立とうとしてるのはわかってる。でもこの業界は複雑すぎて、監督するのはすごく難しい。それにロビー活動もある」

白ワインを一口すすって、自分は今でも自由市場の信者だし、「そこは間違ってほしくない」と言った。企業は投資のためにも、イノベーションを起こすためにも、ビジネスを拡大するためにも、資金調達の必要がある。普通の人は、貯蓄に対するリターンを必要とする。いつか引退する日に備えるためだ。「それが金融セクターの存在意義だ。でも、金融セクターは過剰に大きくなり、複雑になりすぎた。その結果、システムを濫用する機会が何倍にも増えてしまった。何倍にもね」

2008年の金融危機は、西欧社会を「麻痺させた」と彼は言う。少なくとも10年は足を引っ張りつづけるだろうと言っていた。「本当に深刻だったし、同じようなことがまた起きる可能性がある。4年か5年もすれば、今回の規制を賢くすり抜けるような商品が生まれるはずだし、そしたら何が起きるかは想像もできないね」

彼は金融で10年以上働き、年収は80万ポンドほどになっていた。稼ぎは全部貯金に回して、高級車やそのほかの贅沢品には一度も手を出さなかった。だからもう働かなくてもいいくらいのカネがある。そのままずっと何年も金融に留まることもできたけれど、彼はそうしなかった。それは、〝欲〟が人間の原動力になるとは言えない証拠だし、それが唯一の原動力でもない証拠だ。

彼はしばらく黙ったあと、不思議なもんだ、とつぶやいた。「バンカーはすごく頭のいい人たちだけど、勘違いしてしまうんだ。人生で本当に価値のある唯一のものは時間なのに、いつもオフィスの中で過ごしている。時間だけは取り返しがつかないのにね。カネを増やすことはできるけど、時間を増やすことはできない。この社会の中で、死がタブーとされているからかな。みんなが永遠に生きるような幻想を抱いてる。もしかしたら、そのときを恐れているのかもしれないね。もし死を真剣に受け止めていたら、狂ったように四六時中働かなくなるだろうから」

仕事を辞めたあと、彼は思索にふけり、禁欲主義に惹かれるようになった。「どんなに物をたくさん持っていても、必ずそれに慣れて、もっと欲しくなる。何もないと想像して、自分が持っているものを楽しむほうがはるかに賢い。今朝、シャワーを浴びながら、お湯がなかったら人生はどんな感じだろうって想像してみた。この地球の50億人にとって、それが現実なんだ。そう考えるとシャワーが楽しく思えたし、深い感謝を覚えた」

愚痴を言ってるわけじゃない、と彼はもう一度強調した。「愚痴ってる金融の人間はまったく尊敬できない。この仕事を選んだのは彼らなんだ。戦争で荒廃した国で、1日2ドルで暮らしてる人なら、愚痴ったっていい。そういう人たちは、仕事を選べないからね」

稼いだお金を寄付することを考えたことはありますか？　彼は少し時間を取って考えた。

「そのあたりの倫理観はあやふやなんだ。人はだれも欲深い。西欧の普通の人間を考えてみよう。3ポンドのTシャツを買うとき、バングラデッシュでクソみたいな賃金しかもらえずに、日に12時間も働いている人間のことを考えるだろうか？」

先進国の人間はみんな、ほかの50億人の犠牲の上に生きている。「だから、もし私が寄付すべきなら、先進国の全員がそうすべきだ。聖書はなんて言っている？　罪を犯したことのない者だけが石を投げよ、ってね」

この意見には多くの読者が食ってかかるだろう、と僕は言った。彼は暗い顔でうなずいた。

「どんな時代にもスケープゴートがいる。今はバンカーだ。僕は汚名を背負わされてもかまわない」

13

空っぽのコックピット

　アメリカ人ライターのロン・ローズバウムは、ほとんどのジャーナリストは心の奥深くではフロイト派だと言っている。精神分析の祖であるフロイトと同じように、ジャーナリストは、世の中のいちばん大切なことはどこかに隠れていて、セラピーを通してであれ、調査を通してであれ、それを表に出す必要があると感じている。フロイトもそうだったが、ジャーナリストもまた、そんな隠れたショッキングな事実を表に出し、人の目に晒すことで、世の中はより良くなると考えている。

　そのいい例がウォーターゲートだ。大統領が敵をスパイしていた。ジャーナリストがそれを暴いた。大統領は辞任した。システムには自浄作用があるということだ。

　それは筋の通った理論だけど、グローバル金融はそんなふうにはいかないようだ。業界全体に浸透した利益相反と逆インセンティブについては、金融危機をきっかけにして議会の調査がたくさん入った。だけど、それはずいぶんまえから知られていたことだ。イングランド銀行のチーフエコノミストであるアンドリュー・ホールデンは、最近、ドイツのデア・シュピーゲル誌にこう語っている。「大手銀行の財務は〝ブラックホールの中の最も暗い部分〟だ」と。ホールデンはイギリスの中央銀行のナンバー2で、金融全体を安定化させる責任を負っている。その彼が、金融機関の財務がどうなってるかまったくわからない、と公言したわけだ。それでどうなった？

なにも。

ジャーナリストや批評家は混乱してしまう。〝ニュース〟を見つけるのが、僕たちの仕事だ。だれも知らない重要なストーリーや事実を見つけることが。でもグローバル金融のこととなると、いちばん驚くようなニュースはニュースでもなんでもない。大切な事実は業界内ではずっとまえから知られている。問題はもっと深いところにある。金融業界は暴露に慣れっこになってしまったのだ。

ジャーナリストにとってそれが何を意味するかというと、この金融の世界を外の人たちにもわかるように説明する必要があるということだ。グローバルな金融業界がまだどれほど危険か、2008年の危機が僕たちをどれほど破滅に近づけていたか、その根本的な原因がまだ解決していないことを、もっと多くの人が理解する必要がある。

でも、この最終章で壮大な解決策が明かされると思ったら、大間違いだ。グローバル金融の新しい構造を設計する仕事は、個人の力をはるかに超える。この問題と機能不全が金融機関だけに限られないことを考えれば、なおさらそうだ。多くのヘッジファンドは、金融機関と同じように、カネになるし合法ではあるけれど、道徳的には間違った結果につながる活動を行っている。たとえば、複雑な金融商品の値下がりに賭けたり、アルゼンチンやギリシャの破たんに賭けたりしている。

さらに、現在の金融と通貨のシステムは、〝バブル〟を生み出すようにできている。最先端の金融商品の助けを借りて、政府と個人はこうしたバブルから儲けを得ている（たとえば、自宅の価値が上がれば、より多くのカネが借りられる）。これが消費を促し、いわゆる〝経済成長〟として測られる。GDPの上昇はさらに多くの借り入れと信用創造を正当化するために使われる。そうやってバブルは大きくなっていく。

金融システムの根本的な作り直しが必要だということを、あらゆる証拠が示している。修繕でも大がかりな浄化でもなく、まったく新しいDNAが必要なのだ。

そんな壮大な計画を作るのは簡単ではないけれど、最初の一歩は問題の本質をはっきりさせておくことだ。グローバルな金融の問題を個人の欠陥に矮小化してしまえば、それ以上先に進まない。もちろんシティには欲がはびこっている。でも欲がはびこってるのは金融だけじゃない。すべてのスキャンダルと金融危機を個人の責任にすれば、システムには問題がないということになる。ただ詐欺師を追い払えばいいということになってしまう。欲深いギャンブル中毒者や、コカイン浸りの人間や、変質者に問題を押し付けることになる。

人間は羊じゃないし、少なくともいつも何かを選んでいる。もちろん金融機関によって文化の違いもある。でも人間の行いはインセンティブによってほぼ決まるし、今の環境ではバンカー個人にも、チームや部門にも、金融機関全体にも、間違った方向に導くようなインセンティブが与えられている。

シティで働くすべての人をひとまとめにして離れ小島に送り、新しい25万人にとっかえたとしても、すぐに同じような濫用と機能不全が起きるだろう。問題はシステムなのだ。だから逆インセンティブに乗っかっているバンカーを袋叩きにするよりも、そうしたインセンティブを取り除くことに力を注ぐべきだ。

そのことが、よりよい法規制につながるし、そうした規制が次の4つの変化をもたらすことは容易に想像できる。まず、銀行を小さく分割して、大きすぎて潰せないとか、複雑すぎて潰せないなんてことがないようにすべきだ。そうすれば、銀行が納税者に脅迫状を送り付けることもできなくなる。2つ目に、利益相反を生み出すような複数の事業をひとつの傘の下に置くべきじゃない。トレーディング、資産運用、投資銀行をひとつの会社で行ってはいけないし、一方でリテール銀行業務を行いながら、もう一方でリスクの大きな投資銀行業務を同時に行ってはいけない。3つ目に、銀行は複雑すぎる金融商品を開発したり販売したり所有したりすることを許可されるべきじゃない。クライアントは何を買っているかを理解して、投資家が金融機関のバランスシートを理解できるようにしなくちゃならない。最後に、ボーナスをもらう人が損をかぶるべきだ。つまり、リスクを取る人自身が、資本や評判のリスクを四六時中気にかけるような報酬制度にするべきなのだ。

それには最先端の科学なんていらない。西欧民主主義国のすべての主要政党が、生産的で安定した金融業界の将来像を今すぐ描くこともできる。でも、彼らがなぜ現状が安全で公平だと思っているのかについて筋道の通った説明はないし、金融セクターがどんな姿であるべきかや、そこに至る道筋についての将来像もない。

民主主義とは、少なくとも理論的にはそんなふうに機能するべきだし、ジャーナリストがフロイト派だという理由もそこにある。僕たちはうまく行っていないことを明るみに出す。そうすることで、そのぐちゃぐちゃな状態を解決するための、いちばん説得力のある計画を持つ政治家を有権者が選べるようにするのだ。

でも、2008年以降の世界はそんなふうには動いていなかった。このブログが掲載されていた2年半の間に、読者が残してくれたコメントは少なくとも1万件にのぼった。「もし労働党が政権を握っていたら……」なんて書いた人はひとりもいなかった。

それは無関心のせいじゃない。特に、金融界の根本的な改革に関しては、政権が労働党でも保守党でも、現実的にはそう違いはないと思っているからだろう。ドイツで社会民主党が政権についていてもいなくても、アメリカの政権が民主党でも共和党でも、フランスの政権が右派でも左派でも、現実にはまったく関係のないことだ。

どうして西側の民主主義は、僕らの時代の最も切羽つまった課題に解決策を見つけ出せないんだろう？　有権者に説得力のある未来を描いて、別の選択肢を与えることができないんだろう？

政党の中には、政治なんてどうせゲームだと思っている宇宙の支配者タイプがうようよいるのは間違いない。肩書と特権と人脈を手に入れるためだけに、ある計算された期間だけ政界に入る無感情タイプもいるだろう。バブルの中に生きている仕事ひと筋タイプの政治家もいるはずだ。

それでも、政治家の中には〝中立派タイプ〟がいることも、僕は経験から知っている。何が間違っているか、何を変えるべきかについて鋭く見抜いているのが、彼らだ。問題は、そんな中立派がこう言うことだ。自分が金融業界に盾ついて、なんの役に立つ？　政党内での自分の立場はどうなる？　または政党の立場はどうなる？

それに、中立派はこうも言うだろう。金融業界が引いた線の中に留まることを決めた政党や政治家個人が、どうなっているかを見てみるといい。アメリカでもフランスでもイギリスでも、法律は金融機関やバンカーがおカネで政治力を買うことを許している。〝腐敗〟をあいまいでなめらかな言葉にすると、〝政治献金〟だ。

そのうえ、金融のロビー活動の圧力はものすごいし、ありえないくらいカネになる〝講演会〟ってやつもある。財務省や国務省のトップを務めたあと、たとえばティモシー・ガイトナーやヒラリー・クリントンはゴールドマン・サックスで何度も講演会を開き、20万ドルもの講演料を受け取っている。1回ごとに20万ドルだ。

こんなウハウハの仕事もあるし、〝天下り〟なんてものもある。メガバンクの〝相談役〟として、国に仕えていたときよりも稼いでいるのは、元首相のトニー・ブレアだけじゃない。ドイツ連邦銀行のアクセル・ウェーバーはスイスのＵＢＳのトップになったし、アメリカではロバート・ルービンとローレンス・サマーズという、一時期は金融の規制緩和を進めてきたふたりの政府トップが、当の金融業界で働いている。

西欧では、金融の世界への対抗力となるはずの政治と公職が、個人がその世界に入るための足掛かりになっている。

それなら、いろいろな問題の原因は、完璧に合法な腐敗にあるんだろうか？　金融業界では２００８年以前から〝政治家の抱き込み〟が起きていた。つまり、金融機関の経営陣が自分たちの生み出している混乱を自覚していたわけだ。それを政治家も自覚していて、金融のトップが政治家から沈黙を買うように仕向けてたってことになる。

この10年で大政党と政治家と役人は、金融業界に入ることが多くなったようだ。それこそ〝抱き込み〟だ。この言葉は、経済学者で元フィナンシャル・タイムズのコラムニストのウィレム・ブイターが、ある種の群れの行動を表すために使って知られるようになった。腐敗というのは、普段はやらないことをおカネをもらってやってあげることだ。〝抱き込み〟はそれほど直接的じゃないし、おカネのやり取りもない。なぜなら、政治家も学者も役人も、バンカーの言うとおりに世界が動くと信じはじめているからだ。

本来ならこのあたりで、ウィレム・ブイターが、歴史と業界比較の両面から抱き込み現象に切り込んだ著作を紹介したいところだ。でもその作品はまだ書かれていない。ブイターはもう学者でもジャーナリストでもないからだ。シティグループに移ってしまったので。

2008年の前も後も、政治が無力なのにはもうひとつの大きな理由がある。政党もまた、苦々しい思いを抱いているけれど、ひとつ違う点がある。それは、政治より国のことを気にしているという点だ。彼らの主張はだいたいこんな感じだ。「もし、わが国が金融業界を厳しく叩いたとしよう。そうなれば銀行その他の金融機関は、ただ別の国に移動するだけだ。つまりわが国が国際舞台での発言力を失うことになる。一方で、グローバルには何も変わらない」

実際、メガバンクと巨大金融機関の運営はグローバルなのに、政治と規制は国家単位か、せいぜい大陸または地域ブロック単位だ。金融機関は国や地域を秤《はかり》にかけて競わせることができるし、事実、恥じることなくそうしている。

グローバルな金融業界に対する政治の無力さは頭にくるほどひどい。グローバリゼーションが国家の民主主義と相反するのではないかと疑いたくもなる。グローバルな政府が存在しない中で、グローバルな金融業界をどう抑制したらいいのだろう？　そんなグローバルな政府は現実的でないし望ましくもないと言うなら、国家でさえも小さく見えるような規模と権力を持つ、グローバルな金融機関もまた存続すべきでないのでは？

つまりそれは、空のコックピットだ。

⁂

ジャーナリストは、自分が没頭したストーリーが予想より大きく、はるかにドラマチックで、注目に値するものだとわかれば、いい気分になるのが普通だ。グローバル金融の核心部に存在する利益相反と逆インセンティブは、これからもこれまでとまったく同じような1面を飾る記事を生み出すに違いないけれど、僕はそれを喜べない。もちろん、僕だって記者として成功したくてたまらない。でも、それと同時に社会の一員なのだ。グローバルな金融業界がどれほど危険でいつ吹っ飛んでもおかしくないほど不安定か、そしてそれがどれほど深く社会に刷り込まれているかを考えると、吐きそうになる。これが矯正される日がいつかやってくるんだろうか？　少なくとも、いつかは制御可能になるんだろうか？

これまでよりはるかに分厚い資本バッファーがあれば、金融機関の安全性は今すぐ大幅に高まるけれど、そんな比較的簡単な施策でさえ、グローバルな金融ロビー活動によって妨害されてきた。しかも、次の危機が来たときに今の金融システムに代わるような、信頼できる制度は作られていない。だから、次の危機でもグローバル金融業界がまた勝利する。つまり、2008年の後と同じように、もう一度僕らが損失を穴埋めして、また同じシステムが復活する。といっても、そもそも復活が可能なら、という話だが。

それが、リーマンショックから7年たったいま、僕たちがいる場所だ。一方で、シティは同じ場所にはいない。イギリスとその他ヨーロッパ中の個人や企業や政府にできるだけ多くカネを借りさせるのが、金融業界の仕事だ。その借金を目立たなくするために、その個人や企業や政府に複雑な金融商品を売り込むバンカーもいる。その借金をもとにさらに多くのカネを借りさせるバンカーもいる。次のバブルが弾けたら、別のバンカーの一群が、国家予算の穴を埋めるために一連の民営化案件を提案するだろう。

イギリスとそれ以外のヨーロッパが目指す金融の将来像は、既存のインセンティブをただ未来に引っ張っただけのものだ。最も上昇志向の強いバンカーは、自分の仕事を番付争いだと思っている。カネを貸し、債権を仕組み直して販売し、民営化するというゲームの番付争いだ。取引をすればするほど、バンカーの番付は上がり、それがその人のアイデンティティになる。

グローバルな金融界はなんて心の空っぽな場所になってしまったんだろう？ グローバルな産業界もそうだ。あるリーダーはこうメールに書いていた。「愛がすべて消え失せた場所に残っているのは、勝ちたいという意志だけだ」

実力主義というカルトを支えているのは、この世は弱肉強食だというダーウィン主義的な社会の見方だ。現在のグローバル金融では、この考え方に対抗できなければ、どんな代替案も説得力がないとされる。〝無感情タイプ〟のバンカーについていろいろと教えてくれたあのヘッドハンターは、目をそむけたくなる真実を突いていた。少なくとも人生について進歩的な見方をする僕らのような人間にとって、それはつらい真実だ。彼のクライアントはなんだか〝宇宙船・金融号〟の乗組員みたいだ。今はたまたまロンドンに着陸しているけれど、いつ飛び立ってもおかしくない。そのヘッドハンターも、そうだと言っていた。「ものすごく教育レベルの高いシティの金融マンたちは、バーミンガムやマンチェスターに暮らす単一言語、単一文化の教師や看護師よりも、香港やニューヨークやリオデジャネイロの金融マンとのほうがはるかに共通点が多い。こうした新しいグローバルエリートたちの結束は、地域にも国にも紐づいていないんだ」

このインタビュー記事が載るのは、リベラル派のガーディアン紙だということを理解しているそのヘッドハンターは、いたずらっぽくこう付け加えた。「ここが左翼の弱いところだね。金持ちから高い税金を取り立てて、恵まれない同国人を助けることを訴えてるから。でもその前提は国家への所属感だ。それなのに左翼は国家への所属ってことに関してアレルギーがある。国家のアイデンティティは優越思想とか国粋主義とか気持ち悪い右翼の思想と切り離せない。ポストモダン派や多くの現代の左翼思想家が、所属感なんてのは人工的な概念で、伝統は作り替えられるし、国家はただの幻想か想像上のコミュニティだって訴えてるのはすごく皮肉なことだ。グローバルな金融エリートはその意見に賛成するだろうね」

⁂

「もう安心できない」この本の初期の原稿を読んだ友達はそう言ったし、僕自身この本を出版すべきかどうか考えてしまった。読者を無力な恐れと怒りに追いやる意味がどこにある？でも金融の世界は、簡単に無視していいような、どこかはるか遠くの場所じゃない。社会にとってのカネが人間の身体にとっての血液だとしたら、金融は心臓だ。送り出す血液が多すぎても少なすぎても身体に支障が出るし、心臓がほんの短い間でも動きを止めたら、回復できないほどのダメージを受けることもある。

これほど影響の大きな差し迫った問題に対して、無知や否認や無関心は許されない。

シティに来るまえ、僕は何年もエジプトに住んでいた。危機に直面したエジプト市民は、独裁者の辞任を求めるため、武器を手に取って抵抗するしかなかった。繰り返される騒乱に市民自身が疲れ果てるか引きずり降ろされ、反対派は刑務所に入れられたり、追放されたり、身を隠したりしている。

それが、独裁政権下の無力な市民の姿だ。だが、西欧社会は自浄能力のある政治システムを作り上げてきたはずだ。人々が今どきの政治リーダーに不信を抱くのは当然だ。グローバル金融の力を真剣に取り上げるつもりが政治家にあるなら、今ごろ僕たちにそう宣言しているはずだ。

でも、政治を全部切り捨てるなんて馬鹿げている。民主主義は今もこれからも、普通の市民が平和的な方法でグローバル金融から力を取り戻すための最高の武器になる。それは、間に合ううちに金融界が自身を改革するための、いちばんの武器でもある。

そんな改革は、壮大な仕事だ。とはいえ、西欧はこの200年間にその姿を作り変えることに成功してきたのでは？　奴隷制度の廃止と女性の解放には、壮大で深淵な変化が必要とされたはずだ。今の金融改革に必要とされるよりも、この社会ははるかに大きな変革を成し遂げてきた。

政治を皮肉ってはすにかまえても、だれの役にも立たない。

取材の方法論

ジャーナリズムの原則と慣習に従えば、情報には裏付けが求められる。引用には発言者の名前を記すことも必須だ。そうしたルールは当然のことだが、金融とシティの調査に同じルールを適用すると、取材は不可能になってしまう。金融業界の人間を名指しすれば、たちまちクビになる。かといって、広報部門が立ち会う〝正式な〟取材では内幕はわからないし、新たな発見にもつながらない。

金融業界の中を見ようと思えば、沈黙の掟と恐れの文化をなんとかかいくぐる道を見つけなければならない。この本ではそのため、情報提供者には匿名を約束した。もちろん、このやり方には弱点がある。インタビュー相手のほとんど全員が、企業文化は金融機関によっても、また部門によっても大きく違うと強調していた。でもその違いを説明するには、個別の会社名を明かさなければならないし、そうすると身元がバレる恐れがある。

このプロジェクトについて、説明を加えたい。2011年の夏から2013年の秋のはじめにかけて、僕は200人近い金融関係者に会った。現役の人もいれば、最近までシティ勤めだった人もいる。ほとんどの人とは一度しか会わなかった。数回会った人もいる。10回以上会った人もいた。オンラインには100本近いインタビューが掲載された。そのインタビューは、今も www.theguardian.com/commentisfree/joris-luyendijk-banking-blog で読むことができる。引用の一部は、読みやすいように少し編集し直した。また、ブログでのインタビューの掲載順序は、この本で僕が示した〝学習曲線〟とは必ずしも一致しない。たとえば、最初の頃のインタビューでなんらかの気づきがあったあとに、最後の頃に出会った人が同じ事をはるかに強烈な言葉にしていたといった理由からだ。そんな場合、僕はいつもいちばん印象に残った言葉や事例を使うようにした。この本には、大勢の取材対象が登場する。長い肩書を繰り返すことを避け、取材対象は〝コンプライアンス担当者〟のような短い経歴で表している。

金融業界は、多様で複雑で専門用語が飛び交う世界だ。重複する言葉も多い。素人に理解してもらうには、簡単な言葉で説明したほうがいいと判断した。だから、説明がかなり単純なものになっていることをお許しいただきたい。〝商業銀行〟の定義は第2章の説明よりも複雑だ。ゴールドマン・サックスを〝純粋な投資銀行〟と書いたが、実際には2008年に銀行業務の認可を取得している。

また、投資銀行のフロント業務に就く人を、ここではひとまとめにして〝インベストメント・バンカー〟と呼んでいる。調査アナリストや債券営業、資産運用の人たちも、その中に含めた。〝ディールメーカー〟とは、企業金融、M&A、株式と債券の資本市場（キャピタル・マーケッツ）担当者だ。肩書は金融機関によって少しずつ違っているし、バックオフィスとミドルオフィスの範囲にも違いがある。たとえば、〝税務・法務〟が別の分類になっている銀行もある。

そうした細かい違いについては、この本で触れていない。また、マーケットメークとプロップトレードの利益相反にも、金融商品に組み込まれた見えない手数料体系にも、まったく言及しなかった。トランシェ、空売り、シャドーバンキング、リスク加重資本バッファー、不換紙幣についても触れていない。役人を取材した当時の監督官庁は金融サービス機構（ＦＳＡ）だった。今はそれが解体されて、健全性監督機構と金融行為監督機構に分かれている。

ゴールドマン・サックスは、社員が特定のクライアント群を〝操り人形〟と呼んだことを否定した。トニー・ブレアのＪＰモルガン入りは、フィナンシャル・タイムズの観測だ。

最後に、金融業界の女性について一言。金融で働く若い女性たちは、女性比率を強制することに強く反対していた。一方で、ベテランの女性社員は賛成していた。これは一章を割けるほど興味深いトピックだった。でも結局、このガラスの天井の問題についてはこの本では書かないことにした。というのは、金融の問題の核心にあるのは構造的な利益相反と逆インセンティブであって、性差ではないと思ったからだ。もちろん、男性の方が女性より金融の誘惑に乗りやすいとは言える。ＩＭＦの専務理事を務めるクリスティーヌ・ラガルドの言葉は確かに的を射ている。「もし、（リーマン・ブラザーズではなく）リーマン・シスターズだったら、どうなっていたかしら？」

謝辞

200人を超える金融のインサイダーが、クビになるかもしれないのに、または解雇手当てがもらえなくなるかもしれないのに、僕のインタビューに応えてくれた。感謝してもしきれない。書籍にはさまざまな制約があるけれど、みなさんの意見と経験がこの中に正しく反映されていることを願うばかりだ。

インタビューはできなかったけれど、ブログにコメントをくれて、専門知識を提供してくれた金融関係の皆さんにも、礼を言いたい。そしてソーシャルメディアで僕のブログを拡散してくれた読者の皆さん、ありがとう。

この信じられないようなチャンスをくれたアラン・ラスブリッジャーには、一生頭が上がらない。制作部門のカースティン・ブルームホール、シャーロット・バクスター、ディック・ダストアーに、そしてガーディアン・コメント担当のフィリップ・オルターマン、デイヴィッド・シャリアトマダリに感謝している。ジャン・トンプソン、スティーブン・モス、イアン・カッツ、マット・マカリスター、ウルフガング・ブロウ、クリス・エリオット、クリス・モラン、アディトヤ・チャクラボーティ、マデリン・バンティング、ケレン・レヴィ、ありがとう。

金融専門の編集者のジル・トレノアは、右も左もわからない僕に、本当に親切にしてくれた。

オランダにいるヘイン・グレヴェン、ヤン・マータン・スラグター、エワルド・エングレン、ベルギーにいるアンニ・ヴァン・ラングヘムにも感謝している。オランダの母と家族のみんな、マーク、アネディエン、サビーネ、支えと励ましをありがとう。ヴェラ・ウーター、ホス、リサ、サイモン、ありがとう。

エージェントのアンドリュー・ニューンバーグは素晴らしい仕事をしてくれた。オランダの版元のアトラス・コンタクトと、イギリスの版元のガーディアン・フェイバーもそうだ。ローラ・ハッサンは人間離れした忍耐力を発揮してくれた。リンゼイ・デイビースも、辛抱強く見守ってくれた。僕のオランダ英語が本物の英語みたいになったのは、ふたりの編集技術のおかげだ。アムステルダムのアンバ・ゼゲン、ピーター・ヴァン・イース、ウーター・エルセンバーグ、フランクフルトのトーマス・モスク、そしてロンドンのみんな、初期の原稿の間違いをさんざん手直ししてくれて、本当にありがとう。今でも思い出すと冷や汗が出る。トゥーム・ヴァン・デ・プットはスーパー編集助手だ。感謝している。

謝辞には家族への感謝と謝罪を入れるのがお決まりだ。この1年半、忙しくて家族に寄り添えなくてすまなかったとか……でも、僕は大丈夫。今回は、パパは謝らなくていいよね。そう願っている。

対談

糸井重里 × ヨリス・ライエンダイク

⁂

ゼロからはじめるジャーナリズム

⁂

以下は、
2012年3月28日～4月3日に
公開された
ほぼ日刊イトイ新聞の対談記事
「ゼロからはじめるジャーナリズム」を
一部編集して収録したものです。
元の記事は下記サイトより
お読みいただけます。

http://www.1101.com/zero_journalism/

1 石を投げている人が、いない。

糸井　2011年の12月に日本で発売されたヨリスさんの本（『こうして世界は誤解する』）は、オランダの新聞社で中東特派員をしていたときの経験を書かれているんですよね？

ヨリス　はい。私の生涯のなかで一番ショッキングだった出来事を書きました。特派員になって、新聞やテレビでニュースになっている内容の実態を知ったとき、書かれてるよりもっとたくさんのことがあるんだ、書かれてることと現実は大きく違うんだ、ということに直面して、本当にショックを受けたんです。

糸井　情報と名のつくものが、現実をそのまま伝えている、ということは、きわめて少ないですよね。

だいたいの情報は、送り手側の利害関係や立場が絡んだうえでつくられていますが、受け手の多くは、送られてくる情報を「ありのままの現実」として捉えていますよね。

ヨリス　そうなんです。

例えば、ある日パレスチナのなかでもイスラエルに占領されたラマラを取材することになったんですね。

そのときは、レバノンのベイルートに住んでいたため、まず、飛行機でヨルダンのアンマンまで行き、そこから車で8時間かけてラマラに移動しなければなりませんでした。

糸井　はい。

ヨリス　朝、ベイルートを発つときに、ちょうどニュースで、パレスチナ人が石を投げてるところを見て、パレスチナという国は相当危険なところだなと、だんだん怖くなりました。

もうドキドキしながらラマラに着いたんですが、そこにあったのは、ふつうの、なんでもない日なんです。

子供たちは学校から歩いて帰ってくるし、タクシーも客を取ろうとして回ってたり、八百屋さんでトマトが売られていたりして。あの石を投げてた人が、どこにもいないんです。

地元の人に聞いたら、「そこの角を左に曲がって、ずーっと行くと、2時以降だったら石投げてる人います」って（笑）。

糸井　はははは。

ぼくも、知っていることと現実が違ったということは、たくさん経験してます。

あと、いまよりずっと若いころ、自分が石を投げてる人だったこともちょっとあるんで、そういう報道のされ方も知ってます（笑）。

ヨリス　（笑）

糸井　たぶん、石を投げてる人がいたときに、とても珍しいと思わせたいか、それとも、よくあることだと思わせたいか、ということだけで決まっていくんでしょうね。

ヨリス　そう、そうなんです。ジャーナリストは結局、読者や視聴者にウケるものに目を向けて、伝えなければいけないという制約が、構造的にあると思います。

糸井　ああー。そういう構造のなかでは、必ず伝えられないことだらけになるだろうな、といつも感じています。

ヨリス　その通りです。そして、事実としてはなんでもない日だったけど、「パレスチナのラマラで投石してる人がいました」と書くと、「いや、中国ではこんなすごいことがあった」「インドではこんなすごいことがあった」って、結局ジャーナリスト同士で競争していることに……。

糸井　そうなっていくんだよね（笑）。

ヨリス　なので、私がなにかを語るときには、自分のストーリーを出して表現することにしているんです。

糸井　ぼくもそのことについては、たぶんずーっと考えてるんじゃないかなあ。

自分のストーリーで語ると、それがごく一部にすぎないとしても、全体像を反映することになるんですよね。

ヨリス　例えば、中東のあらゆる死亡事故のなかで一番多いのは、実は交通事故なんです。

そういう意味では、さっきお話ししたアンマンからラマラに向かう8時間のタクシーの中が最も危険度が高かったんです。

糸井　もうここで、知っていることと違う（笑）。

ヨリス　そう（笑）。

ヨーロッパにいる家族とかも「もう、中東なんて危ないとこに行くなんて」と言うんですが、「そうそう、交通事故が危ないんだよね」と私はよく言ってました。

糸井　それを言うと不思議な人に思われるだろうね（笑）。

やっぱり、先入観があるというか、例えば人が何かを選ぶときって、自分の意志で選んでるようだけれども、実は自分の意志以外の大きなイメージから選んでることがとっても多いですよね。

ヨリス　そうなんです。

糸井　ぼくにパレスチナ人の友達がいて、そいつと散々遊んだあとで「イスラエルは悪いんだよ」と言われたら、「そうか」と思うと思うんです。
いくら本を読んで知識を得ても、その「そうか」と思うシンパシーみたいなものは、動かないんですよね。

ヨリス　そこで、イスラエルが政策的にやってるのは、高校生を世界各国に留学させるんです。

糸井　なるほど、各国でお友達をつくらせるんですね。

ヨリス　自分自身についても、弟が日本で日本語を勉強していた時期があって、日本の話を身近に聞いてたものですから、今回の津波については、もう本当に気持ちが大きく動きました。

糸井　そういうふうに、人が理屈や知識でこれが正しいとか間違ってるとか言う前に、変わらない何か不確かで素敵なもの、不確かなんだけれども信じてるものがあるってことをわかっているだけでも、だいぶ報道は変わりますよね。

ヨリス　ええ、そうですね。

2 自分だけが感じる違和感。

糸井　ぼくはヨリスさんのことをちょっと知ったときに、一面的なことだけでなく、全体像をきちんと見せることに興味を持ってる人だなと思ったんです。
ヨリスさんは、キャリアのはじめから、そういうスタンスで活動されていたんですか？

ヨリス　いえ、特派員になったころのときは、いわゆる「プロ」のジャーナリストらしくなろうとはしたんですよ。

糸井　あ、そうなんですか。

ヨリス　はい。

特に、私は自国でジャーナリズムを学んでから特派員になったわけではなかったので、ジャーナリストとしての経験は、現地で培わなければなりませんでした。でも、なかなかほかの特派員と同じよう思えなくて。

それが、怖かったんです。

糸井　「怖かった」？

ヨリス　例えば、世界中があの人は一流だと言ってる「ニューヨーク・タイムズ」の記者が、ラマラでは常に投石をしてはいなくて、2時以降からだって決まってると知っていながら、「ラマラで投石があった!」って、センセーショナルなニュースとして書いてるわけです。

もう何千というジャーナリストがそういうふうに書いてるなか、自分だけがそこに違和感を感じているとしたら、自分は頭がおかしいんじゃないかって思ってました。

糸井　なるほど。

ヨリスさんは、そこに違和感をもったからこそ、1人の人間が、理屈や正論を超えて、「不確かだけど信じているもの」、その人がとっても大切にしているものをヨリスさんも大切に思って、それを踏まえて語ろうとされているんですね。

ヨリス　はい、そうです。

糸井　伝えるときのそういった考え方を、ヨリスさんはどんなふうにして発見したんですか?

ヨリス　ジャーナリストが取材して、記事を書くまでのあいだに決めたこと、あるいは決めざるをえなかったことのなかで、「不利に書かれてあるもの」があります。それはなぜ不利に書かれているんだろう、ということをよく意識してたように思います。

例えば、パレスチナの人を取材したりするときに、自分が彼らの場所に生まれていたらどういうふうに書くだろうか?

糸井　なるほど。

ヨリス　そういうことは、常に考えていました。

糸井　ぼくも、同じように考えたことがあります。

例えばぼくは、「自分ではどうしようもないこと、自分のちからでは選べないこと、決められないことは、その人のせいじゃない」ということについて、よく考えるんです。

ぼくはオランダ人じゃなくて日本人で、ヨリスさんがオランダ人であるってことは、自分でどうしたって選んで決められたことじゃない。背丈もそうだし、髪の色もそう。

それでなにか不利になったり差別されたりするのは、やっぱりいけないことなんだってことを、人にものを伝えるときに、大事にしていますね。

ヨリス　とてもよくわかります。まさに、それが『こうして世界は誤解する』を書いた動機なんです。

例えば、そうですね……テレビを見ているときに、アラブ系の若い男性がアメリカの国旗を燃やして、「ワーッ」と盛り上がっていると、わあ、アラブって怖いんだなって思いますよね。

糸井　はい。

ヨリス　でも、実際、その場で起きてることは、まず、そこには男性10人ぐらいしかいなくて、旗を燃やそうとライターをカチカチやって、「つかない、つかない！」「ちょっとライター貸して！」「やっとついた、やったー！」とか言ってるんですね。彼らは、いたって普通の青年なんですよ。

　そういうものを、私はたくさん見てきました。

糸井　いいことでもそうだし、悪いことでもそうで、「これはこういうものなんだ」という大きな幻想みたいなものを、送り手と受け手のお互いが出し合っている。

　でも、それはずっと人類がやってきたことなんだよね（笑）。

ヨリス　そのとおりです（笑）。

糸井　吉本隆明さんという、ぼくの先生にあたる人が、「時代が変わっていても、同じように考えられることは、非常に知的な行為である」と言っていて、感心したことがあるんですね。

例えば、ずっと昔、王様が死んだときには家来も殺して一緒にお墓に埋めるものだという思想が一般的だった。

いまならそれは「おかしい」と思えますよね。

でも、その当時にも、「それはおかしい」と思う人はいたわけです。

ヨリス　はい。

糸井　それがほんとうの知性だとしたら、一面的な理屈や知識はむしろじゃまになってしまう。

だから、ぼくはその説明を受けて、「そうか、たくさん利口である必要はないな」と思ったんです。

ぼくは、王様が家来をお墓に連れて行く時代に、「一般的には正しいけれど、それはおかしい」と思って、人の形のハニワを一緒に埋めようって考えた人になりたいんです（笑）。

ヨリス　それはいいですね（笑）。

糸井　でも、ジャーナリストっていう仕事においては、読者にウケることをことを第一に考えると、そういう知性とは逆の動きになりますよね。

つまり、中東でアメリカの国旗を燃やしていることを強く伝えたら、たくさんの人が心を動かしてくれる。

そういった伝え方が快感になってしまったり。

ヨリス　まさに今、その誘惑に直面しています。

今、ロンドンに住んでいて、金融関係の取材を続けているんですが、「金融の人たちはみんな欲張りで悪いやつだ」と書けば、たくさんの読者の支持を得て、あっという間に仕事が増えると思うんですよね。

ある意味、不公平だなと思うんですけれども、全体像を見せようとするとあまり人気が出なくて、みんながすでに望んでいるシンプルな、単純化したイメージ、幻想のようなものを出すとウケるんですよね。

糸井 そのイメージにそって書くと、テレビとか新聞とかからたくさん声がかかるので、リッチになれるんですよね。

ヨリス そうなんですよ（笑）。

糸井 どうして、ヨリスさんはその誘惑される道に行かないでいられるんですか？

ヨリス たぶん、心理学者で、外交官や警察官の選定もしていた父の影響だと思います。

糸井 へぇー。

ヨリス 私が一面的で単純なことを言ったとき、父は「それは違う」とは言わないんです。ただ、「それはどうかな？」って考えさせるような質問をするんです。

私はそれを考えてるうちに、ああ、ちょっと一面的だったなって思わせられるんですよね。

糸井 素敵なお父さんですね。

教育によって、ものの見方や考え方というのはずいぶんいい方向に向かうんですね。

ヨリス そうですね。

ただ、私は、みんなが私みたいになればいいとも思ってないですけれど。

糸井 その発想もいいですよね。

ヨリス あと、オランダに、ヤンウィレム・ヴァン＝デ＝ウェテリンクさんという人がいて……。

糸井 オランダの人の名前は長いなあ（笑）。

ヨリス （笑）。

その人の本にも、すごく影響を受けたと思います。

この人は、日本にもかなり長く住んで、日本の禅についてかなり研究をして本をたくさん書いてるんですね。

それを読んで自分が学んだことの一つが、自分のエゴ、自分がエゴから解き放たれるということ。

ですので、仕事をしていても、「これ、こうかな」という見方をしたときに、すぐに「あ、それ違うかもしれない」と、いろんな面から見る癖がついてるかなと思います。

糸井 なるほど。

ぼくもそういうふうに考えるように心がけています。

人はエゴにとらわれるものだけど、エゴから解き放たれるほうが気持ちいいってこともあるんじゃない？

ヨリス そうですね。

「これが現実だと思うもんか」と思って、自分が固執してるものから解き放たれたときって、気持ちいいんですよね。

糸井 うん。気持ちいいですよね。

3　ゼロからはじめるジャーナリズム

糸井　ヨリスさんの本は、オランダ国内で25万部も売れたそうですね。（オランダの人口は日本の7分の1）

あなたみたいに考える人の本がたくさん売れたっていうのは、ぼくはとてもうれしいんですけど。

ヨリス　この本（『こうして世界は誤解する』）が売れたことについては、正直驚きました。

たぶん、ソーシャルメディアの働きが大きかったですね。ソーシャルメディアがある現状では既存メディアが情報を独占できないので、「大衆に、こういうふうに思わせたい」という方向に編集した情報ではなく、生の声が行き交いますよね。

たぶん、この本は、既存のメディアが喜ぶような本ではないんですけど、ウェブ上で、ふつうの人同士が「よかったよ」と言ってくれたんです。

だから、20年前だったら、この本は成功しなかったんじゃないかな。

糸井　インターネット以後ですね、やっぱり。

ヨリス　はい。

例えば、新聞などのメディアだと、さっき話に出たアメリカの国旗を燃やしてる10人の写真を撮って、「ダマスカスは怒っている」というような見出しで記事になるんです。

でも、ダマスカスは人口400万人なんです。400万人のうちの10人の話を、さも当たり前のように出す。

こういう一方的な報道というのは、インターネットがある現在では、もうできにくくなってるんじゃないかなと。

インターネットによって、情報のあり方はすごく変わるんじゃないかなと思います。

糸井　それはすごい変化でしょうね。

さっきの旗を燃やしてる10人というのも、例えば、現地の人が、なんの意図もなくその状況を写真に撮ってウェブに載せたとしたら、10人だってこともわかるし、誰かが意図的に加工したものではない、全部に実際のピントが合っている写真が届きますよね。

ヨリス　プロのジャーナリストは、取材先を厳しい目で見ます。

これからは、プロのジャーナリストがふつうの人に厳しい目で見られるようになっていくんだと思います。

糸井　そうすると、プロのジャーナリストはどうなっていくんだろう。

ヨリス　かなり多様な方向性があると思います。

例えばジャーナリストになりたいと思ったとき、これまでは国との媒体かを選ぶんですね。日本で新聞記者になりたい、オランダでラジオの仕事をしたい、というふうに。

でも、これからはトピックやテーマの専門家になって、国を超えて、あらゆる媒体を使って情報を発信していくことになるんじゃないでしょうか。

糸井　なるほどなー。

それは学者の進化の形にちょっと似てる気がしますね。

ヨリス　ああ、そうですね。

あと、インターネットが発展したことで、できるようになったことのひとつが、「ゼロからはじめられる」ということです。

例えば、今、私は金融の取材を続けていますが、まったくなにも知らないところからはじめて、これを2年間続けていったら、ある程度、金融について語れるくらいにはなれるんじゃないかと思ってます。

で、そのゼロからはじめますよというところから全部を見せていけるのも、インターネットならではですね。

糸井　あ、それには、ぼくにも似た経験があります。

ぼくは年を取ってから釣りをはじめたんですけども、釣りのことをよく知らないときの自分の気持ちってあとで絶対忘れちゃうと思ったんです。

ヨリス　はい。

糸井　で、それをぜんぶ書いておこうと思ったんです。

今ならインターネットでそれができたんだけ

ど、当時はまだそれが手軽じゃなかったから、ぼくは、それを書くメディアを探しました。

ちょうど格闘技の雑誌に知り合いがいたんで、「原稿料いらないから、それに連載させてくれ」と言って、釣りの連載をはじめたんです。

のちに1冊の本にしたんですけども、やっぱり、そのときの気持ちというのはきれいさっぱり忘れているんです。

そして、今読んでも気持ちいいくらい、間違ったことを楽しく考えてるんですよね。

それを、今だったら、インターネットを使えば、誰でもすぐに書けるってことですよね。

ヨリス そうです。

例えば、オランダのことを全然知らない日本の若者が、1人でオランダに行って、「初めてしゃべったオランダ人」とかいうところからブログを書いたり動画を撮ったりする。

それがインターネットだと、ずっとウェブ上に置いておけるので、誰かがいつかそれに興味を持ってくれる。

出会いがあるんです。

これは本当におもしろいことだなと思います。

糸井 おもしろいですよね。

自分が今興味を持ってるものをあとで間違いだったと気づいたり、ずっとあとに誰かが共感したり……。

この姿勢が、その記事がおもしろくしているんだろうな。

ヨリス そうですね。

ジャーナリストという立場では「これが事実です」と言わざるをえないことを、ウェブでは「なにも知らないんですけど」とか「まだ調べてる途中で間違ってるかもしれないんですけど、こういうことがわかったんですよね」ということをオープンにしながら、やっていける。

この差は、とても大きいですね。
お互いが、この情報は間違っているかもしれないと肝に銘じながらやっていけますから。

糸井 今の時代は、そこが、とっても必要なときですね。

ヨリス ええ、私もそう思います。

糸井 例えば、インドの山奥に行っても、ヨーロッパに行っても、日本にいても、こどもが犬を見る視線というのは絶対変わらないし、時代が1000年さかのぼってもきっと変わらないと思うんです。
そういう、どことどこが変わってないんだろうってことを探し続けるような視線が、とても大事なんでしょうね。

ヨリス さっきの釣りの話でも、糸井さんが夢中になって、いろいろ間違いをしていくというのは、読者としては、きっと自分も同じ間違いをするだろうから、すごい入り込みやすいと思うんです。
そういうことはいつの時代も変わらないし、時間が経ってからそれを読めば、変わらないところがみえてくる。それが伝統的なジャーナリズムと大きく違うところですね。

糸井 ひっくり返しですね。
ヨリスさんがやってきたのはそういう方法なんですよね。

ヨリス そうです。
読者にも結局、そっちのほうが喜ばれるんです。
伝統的なジャーナリズムは、言ってみれば教室での先生のお話なんですよ。

糸井 「受け取れ」っていうね。

ヨリス　ただ、ぼくのやり方だと、「親戚のおもしろいおじさんから話を聞いてる」みたいな感じになってしまって（笑）。

糸井　あ、わかる、わかる。

このまえ、友達としゃべっていたんですけど、なにも科目を教えない家庭教師を派遣するセンターをつくりたいって。ただのおじさんが来る（笑）。

好きだった女の人にふられちゃった話とかをするためにやってくるんです（笑）。

ヨリス　いいですね（笑）。

糸井　その派遣センターには、ヨリスさんにも、ぜひ入ってほしい（笑）。

「おじさんがイスラエルに行ったときはね……」みたいな話を。

ヨリス　（笑）

4 スーパーマンになろうとしてない。

ヨリス　例えば今だと原子力のことを一生懸命ネットで見ても、混乱するばかりで、なにもわからないんですよね。

ここにもし誰か1人、「ゼロから自分はここを調べて勉強しようと思います」と言って、その過程を全部ネット上で見せてくれたら、これは本当に今、資産になるのかなと思います。

私が今イギリスでやってる金融ブログもたぶん、日本での原子力に対する姿勢とちょっと雰囲気が似ていて……。

糸井　ああー。

ヨリス　「お金は安全だと、信用してくれと言ってたじゃないか。あなた方がこの安心なはずの金融システムをぶち壊しにした」という、ものすごい怒りが……。

糸井　似てるわ、確かに。

ヨリス　で、そこで怒っちゃうと、学べなくなっちゃうんですよね。

糸井　そして、怒られたら、立場を固くするしかないんですよね。

ヨリス　そうです、そうです。

例えば、軍の人に取材すると、「いや、軍としてはこうです」って話しか出てこないんです。

でも、軍を辞めた人に話を聞くと、「いや、あなたの言うことも一理あります」と、話が変わるんですよね。

糸井　はいはいはい。

ヨリス　議論がまるで戦いみたいになっちゃう。

糸井　スキを見せるとつけ込まれて、自分が倒されるというふうにも。

ヨリス　そうですね。そうなると、なにも学べない。

糸井　あのう、本当は誰でもフェアプレイが好きなんです。

フェアプレイが好きで、相手を尊重したいと思いながら議論をするってことは、誰でもできるはずだと思うんですけどね。

ヨリス　今、ここで、私と糸井さんがやってるのも、要はどういう対話をしたいかというやり取りができてるんですよね。

糸井　そうですね。

ヨリス　で、相手に問い詰めるような感じがまったくない。

これがいいんですよね。

糸井　うん、ぼくはこういう一生を送りたいです（笑）。

ヨリス　私もです（笑）。

糸井　ヨリスさんは、今イギリスの日刊紙で金融の話を連載されているそうですが、それはどのくらい続ける予定なんですか。

ヨリス　2年ぐらいやりたいなと思ってます。

まず2年間、私がゼロからはじめてみて、「金融のことなら、ある程度は語れます」と言えるぐらいまでになったら、人を10人集めて、それぞれの人に1テーマずつやってもらいたいなと思ってるんです。

原子力のテーマを追いかける人、砂漠化を追いかける人、温暖化を追いかける人。それができたらいいなと思っています。

糸井　いいですねぇ。実現すると思いますよ。今から1人でやろうと思ってるんじゃなくて、もうすでに10人と言ってるところが実現性を感じる。スーパーマンになろうとしてないじゃないですか。だから、ノウハウを渡せるし、育てられるし。

ヨリス　そうなんです。ありがとうございます。

糸井　ゼロからなにかをはじめるときほど、そういうふうに、ひとつひとつを現実的にとらえていくことが大切なんですよね。

ぼくは、2011年の3月にゼロから1を作り出すワークショップというのをやったんです。そのとき、とても似たことを考えていました。

そのワークショップでは、たまたま前後に座った1人と1人をセットにして、お互いを取材し合うっていうことをしたんですね。

ヨリス なるほど。

糸井 取材するという立場もなったことないし、取材されるって立場もなったことないし、両方初めてのことを交互にやってって。で、みんなに1時間か2時間ぐらい、どこに行ってもいいから話してきなさいと。

で、帰ってきたあと、みんなに「その知り合った人とハグをしましょう」と言ったら、ウワーッとなったんです（笑）。

ヨリス ああ、いいですね。

糸井 よかったですよ、とても。

なにを知ったかじゃなくて、関係ができたこと自体が、なにかはじまったってことだと思ったんです。

ヨリス おもしろいですね。

糸井 もうひとつ、金融と全然関係ないけど、お金つながりってことでいうと別のワークショップではこんなこともしました。

「ポケットの中から100円を出しなさい」と言って100円を出してもらって、「今から15分あげるから、どこかに捨ててきなさい。で、捨てた感想を述べなさい」って言ったんです。

捨てたとき、どういう気持ちだったかって聞くと、誰もそんなことしたことないから、「ちょっと気持ちよかった」とか「ドキドキした」とか、感想がとてもおもしろかったんです。

ヨリス へえー。

糸井　全部正解だと思ったんですけど、不正解がぼくはいくつかあると思って。
あとで取れるように電話ボックスの中に置いたとか、ジュースを買って飲んだとか、それは捨てたとは言わないんじゃないかなと。
でも、たぶん、そっちのほうがジャーナリスティックな態度だったんだろうな（笑）。

ヨリス　そうかもしれないです（笑）。

糸井　やっぱり、一番ステキなのは、「気持ちよかった！」っていう。

ヨリス　なんでそんなに気持ちいいんですかね。

糸井　やっぱり縛られてるからでしょうね。なんだかわからないものに縛られてるんでしょうね。

ヨリス　ああー。

糸井　それから、マイナスのことをするっていうことを肯定するのは、知性がないとできない。
十代のころに不良がとても魅力的に見えるのも、きっと、縛られてるものから解き放たれている存在だからでしょう。
そういう人間理解をしといたほうがいいですよね（笑）。

ヨリス　なるほど。
そういえば、日本に来るときの飛行機の中で、自分の席の目の前についている、映画を観たりゲームで遊べたりする機械が壊れてたんですね。
あ、壊れてる、残念、と思ってたんですけど、20分ぐらい経ったら、「あ、選ばなくていいんだ。いやあ、これは楽だなあ」って思いました（笑）。

今までは、飛行機に乗ったらその機械でなにかを選ばなくてはいけない、と無意識に縛られていたんですね。

糸井　世の中そんなことだらけですね。

ヨリス　本当に、そう思います。

糸井　おもしろいね。

そういう当たり前だと思っていたことが、実は思い込みだったことに気づく想像力のことを、昨日ぼくの知り合いがうまいこと言ってたんです。

「想像力の反射神経」って。

ヨリス　そう、ちょっとスポーツみたいですよね。

糸井　ヨリスさんも、そうとう「想像力の反射神経」がいいと思う。

ヨリス　ありがとうございます。

糸井　いや、ありがとうございました。ヨリスさんと知り合えて、うれしかったです。

ヨリス　本当に素晴らしかったです。ありがとうございました。

著者

ヨリス・ライエンダイク

Joris Luyendijk

ジャーナリスト。アムステルダム大学および
カイロ大学でアラビア語と政治学を学んだ後、
オランダの有力紙2社の中東特派員として1998〜2003年の5年間を
エジプト・レバノン・パレスチナに滞在。
中東滞在期間に目の当たりにした国際メディアの構造的問題、
独裁政権下での報道の困難さを著した『こうして世界は誤解する』(英治出版)
はオランダで25万部のベストセラーとなり、2006年にオランダで
「最も影響力のある国際ジャーナリスト40人」のひとりに選出される。
2011年から2013年にかけて、英ガーディアン紙のオンライン版で
「Banking Blog」を連載。ロンドンの金融街で働く人々の知られざる素顔に迫り、
最大数千件のコメントが寄せられる人気コラムになった。
その経験をもとに執筆した本書もオランダで30万部以上のベストセラーを
記録。オランダの市民が投票する
「NS Public Prize for Book of the Year 2015」を受賞し、
英イブニング・スタンダード紙の「Best Books of 2015」に選ばれた。

訳者

関美和

Miwa Seki

翻訳家。杏林大学准教授。慶應義塾大学文学部卒業。
ハーバード・ビジネススクールでMBA取得。
モルガン・スタンレー投資銀行を経て
クレイ・フィンレイ投資顧問東京支店長を務める。
主な翻訳書に、『アイデアの99%』(英治出版)、
『ゼロ・トゥ・ワン』(NHK出版)、
『TED TALKS』(日経BP社)など多数。

なぜ僕たちは金融街の人びとを嫌うのか?

【発行日】
2017年3月14日 第1版 第1刷

【著者】
ヨリス・ライエンダイク
【訳者】
関 美和(せき・みわ)

【発行人】
原田英治
【発行】
英治出版株式会社
〒150-0022 東京都渋谷区恵比寿南1-9-12 ピトレスクビル4F
電話:03-5773-0193 FAX:03-5773-0194
http://www.eijipress.co.jp/

【プロデューサー】
下田理
【スタッフ】
原田涼子 高野達成 藤竹賢一郎 山下智也 鈴木美穂
田中三枝 山見玲加 安村侑希子 平野貴裕 上村悠也
山本有子 渡邊吏佐子 中西さおり 瀬頭絵真

【印刷・製本】
大日本印刷株式会社
【装丁・本文デザイン】
鈴木千佳子
【校正】
株式会社ヴェリタ

ISBN978-4-86276-238-2 C0030 Printed in Japan